14 子どもがまとめたノートを実物投影機を使って発表　半ば 2年・国語 ‥‥‥‥

15 実物投影機でものさしを MAX 拡大　半ば 2年・算数 ‥‥‥‥‥‥‥‥‥‥

16 よりわかりやすい説明に役立つ子どものノートの拡大提示　半ば 2年・算数 ‥

17 実物投影機を用いた適用問題の書き方とノート指導　半ば 3年・算数 ‥‥‥‥

18 映し出されたスイッチの設計図を元に考えを伝え合う　半ば 3年・理科 ‥‥‥‥‥‥ 57

19 クリアシートを使って班での考え方の話し合い・全体への発表　半ば 4年・算数 ‥‥ 58

20 ノートをスクリーンに映して計算の順序を拡大提示　半ば 4年・算数 ‥‥‥‥‥ 59

21 実物投影機でノートを映して意見の共有　半ば 5年・算数 ‥‥‥‥‥‥‥‥‥ 60

22 子どものノートを実物投影機で拡大提示して説明　半ば 5年・算数 ‥‥‥‥‥ 61

23 実物投影機で資料の細かい部分を提示　半ば 5年・社会 ‥‥‥‥‥‥‥‥‥‥ 62

24 実物投影機でわかりやすく、皆が成功できる実験・観察　半ば 5年・理科 ‥‥‥‥ 63

25 スクリーンに操作の仕方を大きく映し、唱えながら確実な習得を図る
　　　　　　　　　　　　　　　　半ば（習得）1年・算数 ‥‥‥‥‥‥‥‥‥ 64

26 スクリーンに映したブロック操作　半ば（習得）1年・算数 ‥‥‥‥‥‥‥‥ 65

27 読む・書く・話す、繰り返し唱える学習のまとめ　半ば（習得）3年・理科 ‥‥‥‥ 66

28 教科書の挿絵拡大と板書の対応　半ば（習得）6年・国語 ‥‥‥‥‥‥‥‥‥‥ 67

29 写真やイラストを拡大提示して考える手がかりを得る　半ば（習得）6年・社会 ‥‥‥ 68

30 デジタル教科書を使い漢字の書き順を正しく学習　半ば（習得）特別支援学級・国語 ‥‥‥‥ 69

31 拡大した図で説明　半ば（活用）3年・算数 ‥‥‥‥‥‥‥‥‥‥‥‥‥‥‥ 70

32 スマートに、外国語のゲーム説明　半ば（活用）6年・外国語 ‥‥‥‥‥‥‥‥ 71

33 同じフラッシュ型教材を使った導入とまとめ　終わり 2年・算数 ‥‥‥‥‥‥ 72

34 実物投影機を使っての発表と学習の振り返り　終わり 1年・算数 ‥‥‥‥‥‥ 73

35 筆算の計算の習熟を深めるクリアシートを使って全体発表　終わり 4年・算数 ‥‥‥‥ 74

36 実物投影機で子どものワークシートを大きく映してわかりやすく説明　終わり 4年・理科 ‥‥ 75

37 個人の考えを TPC で気軽に表現させ、クラスで意見交流　前半 5年・算数 ‥‥‥‥ 76

38 TPC を使って、デジタル教科書の資料を自分のペースで読み取り　後半 5年・社会 ‥‥‥‥ 77

児童の試行錯誤を助けるタブレット端末の活用　稲垣 忠（東北学院大学教養学部 准教授）‥‥‥ 78

第4章　堀田語録から学ぶ

堀田龍也先生からのご指導・ご助言 ‥‥‥‥‥‥‥‥‥‥‥‥‥‥‥‥‥‥‥‥‥ 80

コラム⑥　出川小学校の中から外から 原科 勝（春日井市少年自然の家 所長補佐） ‥‥‥‥‥ 88

コラム⑦　出川小学校から離れてみて実感すること 佐々木宏紀（春日井市教育委員会 文化財課 課長補佐）　89

コラム⑧　初任者として学んだこと 本田智弘 / 内匠雅子（春日井市立出川小学校）‥‥‥‥‥ 90

コラム⑨　初任者研修における出川小学校 青山照美（尾張教育事務所 指導第二課指導主事）‥‥ 91

コラム⑩　保護者の視点からみた『ICT 革命』神戸洋史（元・春日井市立出川小学校 PTA 会長）‥‥ 92

第5章　資料編

1 ICT を活用する上での留意点やポイント ‥‥‥‥‥‥‥‥‥‥‥‥‥‥‥‥ 94

（1）機器として、環境としての留意点やポイント　（2）授業で教師が使用するときの留意点やポイント

（3）子どもが発表として使用するときの留意点やポイント　（4）板書との兼ね合いとしての留意点やポイント

2 学習規律と学習スキル一覧 ‥‥‥‥‥‥‥‥‥‥‥‥‥‥‥‥‥‥‥‥‥‥‥ 96

3 学習スキル教室掲示 ‥‥‥‥‥‥‥‥‥‥‥‥‥‥‥‥‥‥‥‥‥‥‥‥‥ 98

4 学習促進のためのコミュニケーション ‥‥‥‥‥‥‥‥‥‥‥‥‥‥‥‥‥ 100

おわりに　前川健治（春日井市立出川小学校 教頭）‥‥‥‥‥‥‥‥‥‥‥‥‥ 102

参考文献・使用教材・索引 ‥‥‥‥‥‥‥‥‥‥‥‥‥‥‥‥‥‥‥‥‥‥‥‥ 103

監修・研究同人・寄稿していただいた皆様 ‥‥‥‥‥‥‥‥‥‥‥‥‥‥‥‥‥ 104

はじめに

出川小学校の実践を支えた思想

東北大学大学院情報科学研究科　教授／堀田龍也

　春日井市立出川小学校の実践の特長は、大きく分けて五つあります。

　まず一つ目は、日々の授業そのものを研究対象にしているということです。当たり前のように聞こえることかも知れません。しかし一般には、研究授業となると、普段よりはるかに深く教材研究をして、パワーポイントでスライドを作り込み、やたらと授業中に黒板に貼紙をし、普段はあまり行わない学習活動を行うものです。児童は、今日の先生がいつもと違うように見え、学習も何だかぎこちなく行われます。出川小学校では、こういう研究授業を行いません。普段の授業の形態をそのまま見せることにこだわります。普段の授業に対して相互に確認し、普段の授業をよくしようというのがこだわりなのです。

　二つ目は、学校中で学習規律を整えることを第一歩に選んだということです。こう書くと、まるで管理教育のように聞こえるかも知れません。もちろん違います。授業に必要な最低限のルールを定め、それを学校中で統一しています。たとえば鉛筆や筆箱はどういうものを買うか。児童が大好きなキャラクター商品が机の上にあれば、授業に集中できないのは当然です。例えばノートには、「めあて」と「まとめ」を四角で囲むこと。次時以降にノートを見直す際に役立つばかりでなく、今回の学習の目標と達成度を意識する練習でもあります。こういうルールが学校中で統一されていれば、進級して担任が替わっても、児童は混乱がありません。保護者も戸惑いません。初任者が着任しても、授業が崩れにくくなります。

　三つ目は、ICT 活用を成功させる方法として、教科書重視の教材研究を選んだということです。出川小学校ではすべての教室で、日常的に ICT を活用します。もっとも用いられている ICT は実物投影機です。実物投影機では、レンズの下に置いた教材が画面に大きく映ります。ということは、どのタイミングで、教材のどの部分を実物投影機の下に置くかということがとても大切になります。その教材は、できれば児童がいつでも手元で参照できる教科書が望ましいのです。教科書の必要な部分がタイミングよく提示されるためには、先生が教科書の流れや文言、図表の意味をよく理解しておくことが必要です。そのためには先生が教科書をしっかりと読み込み、教科書を基にした学年での共通理解が日常的に行われているのが、出川小学校の授業づくりの特長です。

　四つ目は、公開研ではなく、公開校内研を行うということです。「公開研」ではありません。出川小学校で行われているのは、あくまで「校内研」です。校内研ですから、それは校内の先生たちの力量向上のために、校内の先生たちの OJT によって進められます。その様子を「公開」しているので「公開校内研」と呼んでいます。外部の方々に見せるために授業を公開すると、どうしても「よそ行き」になりがちです。これを排除しようとしている点に特長があります。春日井市教育委員会は、出川小

学校の公開校内研への参観を市内の教務主任研の研修の一環として取り入れ、この営みをどのように自校に取り入れるか、その際にミドルリーダーとしてどのような方策を採るべきかについて毎回議論しています。つまり、OJT の横展開です。

　五つ目は、公開校内研の際の授業公開数が多いということです。公開校内研の日は、3 校時、4 校時、5 校時に、それぞれ 5 コマぐらいずつの授業が公開されます。もう少し多い時もあります。1 回の校内研で 15 〜 20 コマの授業が公開されます。出川小学校の学級数を考えれば、校内研のたびにほぼ 8 割方の教員が授業を公開するのです。一般の校内研のように、一つか二つの授業に対して重箱の隅をつつくような検討をすることを放棄しています。むしろ授業を行う側にほぼ全員が立つことで、授業づくりについて共感し合おうということです。

　私はこの 4 年ほどの間、何度も出川小学校を訪問し、先生方の授業を参観してきました。最初は、従来の学校研究の形式論に固まっていた先生方が、次第に解放され、自然体で授業を行うように変化しました。これに合わせて、教室は落ち着き、児童は前向きに学習することを楽しむようになりました。教室の安定は学校全体の安定につながり、保護者や地域からの信頼につながりました。

　出川小学校の一つ一つの授業は、実に普通の授業です。普通の授業が毎時間、どの教室でも確実に行われ続けることによる成果が、出川小学校の財産です。この書籍によって、個々の授業実践だけでなく、これらを貫いている「思想」が伝わって欲しいと願っています。

発刊にあたって

春日井市教育委員会　教育長／木股哲夫

　春日井市には、全国でも有数のチョークメーカーがあります。最近今年度末で廃業されるという報道がありました。私も愛用してきましたので、たいへん残念に思います。その記事の中に、電子黒板などICTの活用によるチョークの消費量の減少が廃業の一因とありました。しかしながら、本書で紹介している実践を見て頂ければ、その指摘は当てはまらないことがわかると思います。ICTの有効活用は、教材を大きく映したり、ノートを全員で共有したりすることが簡単にできます。しかし、有効に活用するためには、何をどの場面で大きく映すのか、黒板との使い分けや融合などについて、常に考えていく必要があります。このように、今でこそ授業でのICTの有効活用は、日常的に多くの教室で行われるようになっていますが、これは出川小学校での4年間の成果が大きく影響をしています。

　本市でのICT活用は、授業での活用からではなく、校務での活用から始まり、ネットワークを活用した情報共有や校務支援ソフトの活用で、どの教職員もが当たり前に利用する状況になりました。しかし、授業での活用は、なかなか進んでいませんでした。私は、この状況をなんとか変えていきたいと願っていました。将来の児童生徒1人1台の活用につなげるためにも、まずは日常のICT活用を全校に定着させることが重要なことと考え、出川小学校を研究指定校にする際に、テーマの一つにこのことを入れるとともに、さらに指導者として、堀田龍也先生にお願いしました。

　さて、これまでも多くの学校がいろいろな研究実践に取り組み、研究発表を行ってきました。どれも素晴らしい成果の発表がありました。しかし、その学校でしかできないものが多く、折角の研究実践の成果が他校にまで広がることは、あまりありませんでした。

　また、全国の多くの地域と同じように本市でも急速な教職員の世代交代が進んでいます。そのような中では、授業技術をきちんと継承し、若手教員の授業力を向上させることは最重要課題です。これなくしては、児童生徒の学力保障はできません。このようなことから、出川小学校ではどの学校でも実践ができ、日常の授業の改善につながる研究をしてもらいました。そして、その成果を市内の全小中学校に広め、市内全体のレベルアップができればと、この4年間取り組んでもらいました。

　ここに4年間の出川小学校と市教育委員会の共同研究をまとめることができました。関係者の積極的な取り組みに感謝します。とりわけ、出川小学校のみなさんには、がんばり続けて頂いています。本当にありがとうございます。そのおかげで、このように実践をまとめることができました。

　出川小学校は、今年度から2年間、パナソニック教育財団との共同研究で、一人1台のタブレットパソコンを活用した授業実践にも取り組みはじめました。タブレットパソコンの活用で、急に大きく授業が変わるわけではありません。本書にまとめられているように、日常授業の改善の連続です。今後の研究や授業改善の取り組みが本市の教育の充実につながることを期待しています。

　最後に、この4年間、継続してご指導を頂いています、東北大学大学院教授　堀田龍也先生、今年度から始まった一人1台活用についてご指導を頂いています、東北学院大学准教授　稲垣　忠先生、さらに、研究の貴重な機会を頂きました、パナソニック教育財団、そして、保護者・地域の皆様をはじめ、多くの皆様にこれまでご指導、ご支援頂きましたことについて、深く感謝申し上げます。

出川小学校とともにあゆんだ4年間

春日井市立出川小学校　校長／水田博和

　本校は、名古屋市の北西部に隣接する春日井市に、平成19年度に開校しました。春日井市内のICT基幹校として、ICT機器が整備され、各教室で日常的に実物投影機や大型テレビが使われてきました。

　平成23年度、愛日地方教育事務協議会・春日井市教育委員会から2年間の指定を受け「みんなで思考・判断・表現し合える子の育成～確実な習得と、伝え合う活動・学び合う活動を通して～」のテーマで研究に取り組みました。それまでの取り組みを見直す機会と捉え、まず、児童の実態とめざす子ども像、授業についての見直しを行いました。それまでの本校の授業は、各担任独自の考えに基づいたもので、統一された学習指導の考え方や学習規律がないものであったこと。また、ICT機器は整備されているが、活用は不十分であることなどが明らかになりました。そこで、系統性がある学習スキルを整え、学習規律を校内で統一しながら「わかる授業」をめざした学習改善に取り組みました。

　教師の意識改革と力量向上は、本研究の大きなポイントとなりました。教職経験10年未満の担任が多く、指導技術を身に付ける良い機会となる反面、ベテランの教師にとっては、「授業改善」は負担を感じるものでした。しかし、指導者である堀田龍也先生の、校内授業研究会での指導に対して目を輝かせたのは、ベテランの教師でした。

　若手は統一された学習規律や学習スキルによって、安心して指導にあたることができ、ベテランの教師は、授業のポイントでのICT活用を、納得して取り入れることができました。

　すべての児童が確実に学び、その結果として基本的な知識・技能が身に付くような授業を進めるために、教材を大きく映したり、実物を映したりするなど、ICTの積極的かつ効果的な活用を図る取り組みにより、教師主導による明確な【習得場面】を設定する。そして、習得したことをもとに、言語活動を通して「思考・判断・表現」する力を育成する【活用場面】では、子どものノートを映しながら説明したり、発表したりするなどの活用の場面を設定する。といった、【習得場面】と【活用場面】を意識した授業が実践できるようになってきました。

　平成24年11月の研究発表会では、全学級で授業を公開し、普通の学校でもできるICT活用を、校内のすべての教員が行っている様子を、多くの方に見ていただくことができました。

　平成25年度からは、研究成果とその積み上げ方を、他校に広めることが役割であると考えました。引き続き、校内授業研究会を、春日井市および近隣市町村を中心にオープンな研究会として実施するとともに、春日井市教育委員会と連携し、初任者研修や市内教務主任研修として位置づけ、本校が取り組んできた授業改善や課題解決に向けた研究授業・研究協議会の仕組みを参加者に発信・還元してきました。現在では『かすがいスタンダード』として、市内小中学校の校内研究や研修の基盤となり、それぞれの実態や課題に応じて研究が進められています。こうした中、これまでの取り組みを一冊の書籍にまとめて発行することになりました。4年間の研究の一端をまとめたものです。忌憚のないご指導を賜りますようお願いします。

　終わりになりますが、当初よりご指導いただきました、東北大学大学院教授　堀田龍也先生はもとより、春日井市教育委員会、地域・保護者の皆様のご指導とご支援に感謝申し上げ、発刊にあたっての言葉とさせていただきます。

出川小学校との充実の4年間

春日井市教育委員会　学校教育課　主幹／水谷年孝

　出川小学校は、春日井市で一番新しい小学校。施設・設備が整っているということで、いろいろな研修会の会場として利用されていました。平成22年の夏休みのある日、ICT活用の研修会を行うために出川小学校にいた私は、水田校長から翌年度から受ける研究指定のテーマについて相談を受けていました。私は、今あるICT環境を最大限に活用した授業に全員で取り組むことがいいのではと言ったと思います。このように、最初はICT活用がメインで始まった取り組みですが、4年を経た現在では、ICT活用はある1つの側面に過ぎません。さらに、出川小学校1校の取り組みから、春日井市の全小中学校の取り組みへと広がってきました。そして、「かすがいスタンダード」として全小中学校のめざすものが明確になりました。これらは、取り組みを始めた4年前には、とても想像できなかったことです。ただ、可能であれば、どの学校にもできることを成果としてまとめたいと願っていたことは、確かです。

　春日井市では「教育の情報化」に早くから取り組んできました。特に平成11年には、当時では珍しかった集中管理型の春日井教育ネットワークの運用を開始しました。さらに、「校務の情報化」という言葉が一般的でなかった当時に、まず教師がその良さを実感しないと授業でのICT活用が進まないと考え、いろいろな校務での活用から始めました。これは、現在の校務支援システムの原型となりました。さらに、その中で各校のホームページの更新率が上がり、各校がベタな日常を保護者や地域に積極的に発信するようにもなりました。ただ、授業での活用はそれほど進みませんでした。得意な教員が使うという壁を越えることはできませんでした。しかし、実物投影機の導入により、多くの教員が活用する状況に変わってきました。これが出川小学校の実践のスタート時点のICT活用の状況です。

　さて、この4年間、堀田龍也先生には、いろいろな点からご指導を頂き、たいへん感謝をしています。これまでを振り返ってみると、特に2つの分岐点があったと思います。1つめは、最初に堀田先生からのご指導を受けた日。2つめは、平成24年11月21日の公開研当日です。

　平成23年6月の最初の指導日には、ICT活用以前にまず大切にすべきことについて改めて気づかされました。特に、学習規律の徹底が、すべてのベースになることをわかりやすく指導頂き、その後の方向性が定まりました。その成果が、ここに収められた数々の授業実践記録です。

　そして、平成24年11月の公開研は、本来はゴール地点であったのですが、新たなスタート地点となりました。つまり、出川小学校で得られた成果を1校だけのもので終わるのではなく、出川小学校にもう少しがんばってもらい、市教委主導で全小中学校に広めることを次なる目標にしたのです。このことについて、最初は、できるだけ多くの教員に出川小学校の授業を参観して頂くことを考えました。確かに、それも1つの方法ですが、それよりも出川小学校のエキスをしっかり吸収し各校での核になる者をしっかり育てた方が、より有効であると考え、市内全小中学校の教務主任に何度も参観させ、同時に授業研究の方法などの研修を行いました。その結果、この2年間で各校の校内授業研究や研修の様子はかなり変化をしてきました。

　自分たちが取り組んできたことをこのような形でまとめることができるとは、4年前には思いもしませんでした。ただ、これでゴールテープを切ったわけではありません。次の目標に向けて、更に前進です。現在、パナソニック教育財団との共同研究でタブレットパソコンの1人1台活用について、これまでの日常的なICT活用の土台の上に実践を進めています。この成果についても市内全小中学校へ展開です。

　最後に、堀田龍也先生、稲垣　忠先生、パナソニック教育財団をはじめ、これまでご指導、ご支援頂きました多くの皆様に感謝申し上げます。

第1章

出川小学校の考え方と取り組み

1　出川小学校の日常の様子

1　教室の様子

　ある教室のロッカーの様子です（写真右上）。いつも整理整頓されています。これは、この教室だけではありません。どの学年、どの学級も基本的には同じ様子です。学習に対して、常に前向きに、集中して取り組んでいく子どもたちを育てていくためには、学習規律を整え、教師も子どもたちもしっかり取り組むことが大切です。出川小学校ではこの学習規律について、全校で徹底するように取り組んでいます。

　写真中央は、教室のICT配置の様子です。全ての教室に実物投影機、プロジェクター、スクリーンが設置され、更にデジタル教科書やデジタル版のフラッシュ型教材などが、いつでもすぐに活用できる状況にあります。つまり、ICTを活用しやすいように、機器などが常設してあるということです。これも、全ての学年、全ての学級で同じです。ただし、子どもたちとの活用を考えた担任の流儀やこだわりが、機器の配置や動線、周辺の小物などに表れています。

2　子どもたちの様子

　平成23年度からこれらのことを日常的に取り組んできたことにより、子どもたちは、とても積極的、意欲的に学習に取り組む様子があります。また、何をすべきかよく理解しながら、皆で取り組む様子もあります。このようなことは、毎月の朝会で全校児童が集まった場面や、避難訓練の場面などに顕著に表れます。おしゃべりや他のことをする子どもは一人もいないといっても、過言ではありません。

3　職員室、教職員の様子

　職員室では、子どもたち、授業の話題が豊富です。その中でも、授業をよりよくしていくための情報交換や、具体的な場面の検討が日常的に行われています。

　これは、子どもたちにとって少しでもわかりやすい授業が行えるように、日々取り組んでいることの表れです。

わかりやすい授業への授業改善を大きな目標に、年間に4回程度、校内授業研究会を実施しますが、その他にも互いに授業を見合い、検討する機会が日常的にあります。その一つの場面が、模擬授業による検討です。1時間の授業の中で、ある場面に絞り、教師を相手に15分程度授業を行います。授業の改善点が明確になるとともに、全校で指導についての考え方や指導方法を確認したり、共有したりすることが可能になっています。

4　管理職によるリード

　このように、子どもたちや教職員の日々はとても安定していて、学習や授業に対する前向きな姿勢に溢れています。これらは、学校の研究に対して、平成23年度より指導をしていただいている堀田龍也先生のアドバイスのもと、学校を束ねリードしていく管理職の姿勢、取り組みによるところが少なからずあります。

　例えば、校長が子どもたちや教職員に対して、毎月の目標を全校児童と全教職員がいつでも目にする場所に示し、それを様々な場面で確認していることにも表れています。一見簡単なようですが、全校の様子を把握し、わかりやすく目標を示し、更にその状況を多くの場面で確認し、評価していくということは、授業をよりよくしていく仕組みととても関連しています。また、日々校内の教室を見て回り、授業での子どもたちの様子を把握し、学校ホームページなどで発信もしています。

　このようなことが日常的に行われていることが、子どもたちを中心とする学校が安定している姿につながっているのだと思われます。

　これが、出川小学校の日々の様子です。

春日井市立出川小学校
設立：平成19年4月
所在地：愛知県春日井市出川町8−3−1
児童数：782名　教職員数：41名
学級数：26（特別支援学級2含む）
ホームページURL：
http://www.kasugai.ed.jp/degawa-e/
　　※平成26年5月1日現在

堀田龍也先生のマジックを知りたい

小牧市立小牧中学校　校長／玉置　崇

　出川小学校の公開研究会には、堀田龍也先生が出川小学校の研究に関わられることになった第1回目から、何度か参加させてもらっている。

　その中で、忘れられないシーンがいくつかあるが、二つ紹介しておきたい。一つ目は、堀田先生の第1回目訪問時のことである。

　堀田先生が公開されている授業教室を回っておられたときだ。私に向かって、こう呟かれた。「玉置さん、大変な学校の指導を引き受けちゃったようだ」と。

　多くは語られないが、一緒に授業を見ていたこともあって、その心情は察することができた。「授業の基礎・基本ができていない」と感じる授業が続いたからだ。

　堀田先生は全国各地で出川小学校のように指導をされておられる。その堀田先生が上記のように感じられ、これから指導を始められるわけだ。堀田先生の嘆きを聞いて、ますます出川小学校がどう変わっていくかが楽しみになった第1回目だ。堀田先生は相当覚悟をされたと思う。今では、あの貴重な場面に出会えたことは、とても幸運だったと思っている。

　というのは、訪問を重ねるごとに出川小学校がどんどん変わっていっている様を直に見ることができたからだ。第1回目を見ているからこそ、変容の凄さがわかるのだ。

　なぜ、こんなにも変わることができたのだろうか。そのヒントとなるシーンに出合うことができた。これが二つ目に紹介したい場面だ。

　堀田先生訪問2年次のことだ。その日は、あいにく授業を見る時間は作ることができず、堀田先生が指導される時間に合わせて訪問させていただいた。教育事務所からの訪問もあり、堀田先生の講演前に、ある指導主事が出川小学校の先生方に、研究の価値や授業づくりのあり方について話をされておられる場面から、同席させていただいた。

　正直、先生たちの元気がない。指導主事と出川小学校の先生方とは、直前に行われたグループ討議の関係もあって正対していない。指導主事の話を横向きで聞いている状態だ。そのため、話し手に顔を向けていない方は多数、メモすべきと思う場面でも、まったく動かない方も多数いるなど、雰囲気もよくない。このような状況で研究は大丈夫か、と思ったほどだ。

　ところが、堀田先生が前に立たれた瞬間に、出川小学校の先生方は、間違いなく全員が体の向きを変え、堀田先生に正対し、顔を上げ、大切なところは聞き逃さないぞ、記録をするぞ、という姿に変わった。まるで指導主事へ当てつけるように。

　この姿を見て、いかに出川小学校の先生方は堀田先生を信頼し、自ら変容しようとされているかがよくわかった。これなら堀田先生の指導は染みわたるに違いない。研究は大いに進み、素晴らしい出川小学校となるぞと確信した。事実、そうなった。

　堀田先生は、いったいどのようなマジックをかけられたのだろうか。それを知りたい。

2　出川小学校の学習指導の考え方

1 めざす子ども像への授業改善

　出川小学校では、平成23年度より、研究のテーマを『みんなで思考・判断・表現し合える子の育成－確実な習得と伝え合う活動・学び合う活動を通して－』として、継続して学習指導研究に取り組んでいます。このテーマに迫るためにめざす子ども像を設定し、そのためのわかりやすい授業の実現のための授業改善による教師の力量向上に取り組んできました。そのベースとなるのが、「学習規律の徹底」と「ICTの有効活用」です。

2 学習規律の徹底とICTの有効活用を図る理由

　現行の学習指導要領では、それ以前と比較すると学習内容が増加しました。比例して教科書のページ数も増加しました。それにもかかわらず、授業時数や授業日数はそれほど増えていません。それは、授業を延長して翌日にまわしたり、同じ学習内容を授業場面で繰り返したりすることが、安易にできなくなったということです。つまり、一つの授業で予定していた学習内容・授業内容は、その授業で確実に習得させる、身に付けさせることが必要だということです。授業中は、授業の本質の部分で時間を使うべきで、「教科書は机の上に出ていますか？」とか、「手はピンと挙げましょう」「指名されたら返事をしましょう」などと、細かい指示をいちいちしている時間的な余裕はありません。逆に、いつも机の上に置かれる基本の形がはっきりしていたり、挙手の仕方や返事の仕方の約束・ルールが定着していたりすれば、学習の本質に時間や場面を費やすことが可能となります。これらを実現するために、出川小学校では、学習規律の徹底に全校で取り組んでいます。

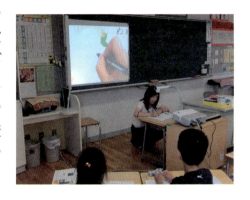

　一方、学習規律ができていれば授業がわかりやすくなるわけではありません。わかりやすい授業のために、授業改善に取り組むわけですが、その一助となるのが、ICTの活用です。教材などを大きく映す・提示することで、子どもたちにわかりやすく示すことが可能となります。例えば実物投影機は、誰でも簡単に拡大して映す・提示することが可能です。教科書を実物投影機の下に置けば、すぐに大きくスクリーンに教科書の図を提示できます。このように操作が簡単で有効な実物投影機が、出川小学校では全学級にプロジェクター、スクリーンとともに常設されており、日常的に活用しています。その他にも、

デジタル教科書などの教材や大型ディスプレイも活用できる状況にあります。
　このように、子どもたちの学力を保障し、わかりやすい授業にするために、学習規律の徹底とICTの有効活用を中心にしながら、授業改善に取り組んでいます。

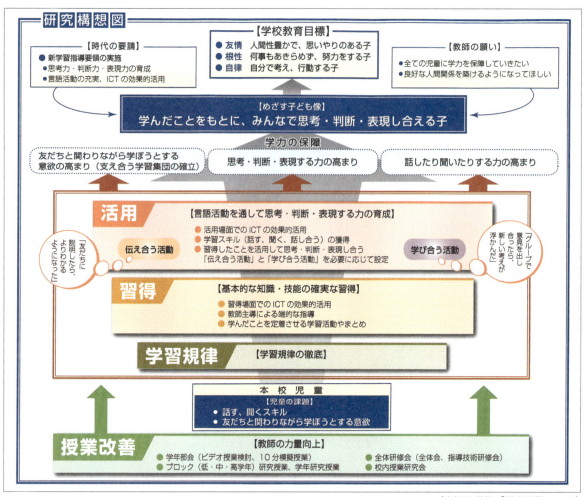

（出川小学校「研究要覧」より）

＜出川小学校は春日井市のICT研修の基幹校＞
平成19年度開校当時より、実物投影機やプロジェクター・大型ディスプレイなどICT機器が導入され、市内教職員のICT活用の研修基幹校としての役割を担ってきています。

3　学習規律の徹底

　学習規律を整えるには、その内容についての共通理解とともに、全校で統一して指導していくことが大切です。また、徹底する構えが大切です。100％をめざすことで、ようやく全校で実施することができます。
　指導の浸透を図るにふさわしい時期があります。年度当初の学年・学級開きの時期に集中して確認することが大切です。夏休み・冬休みの後にも、状況に応じた確認をすることで子どもたちも安心します。ただし、1年を通して学習規律の確認をするのではなく、ある時期に徹底

されれば、その後いつも通りの当たり前のことになり、そのことに時間や場面を費やす必要がなくなります。さらに、全校で同じように取り組まれていれば、学年が上がっても子どもたちも指導者も安心です。

学習規律というと厳しさがイメージされますが、実際にはめざす姿をわかりやすく示し、できていることを褒めることで、子どもたちには浸透していきます。「○○さんは、机の上にすぐ使えるように鉛筆がちゃんと整っていますね」「皆、手を挙げるときは肘までピンとしていますね」などの声かけとともに、場面によっては、実物投影機で子どもたちの姿をスクリーンに投影し、子どもたちが自分たちの生の姿から確認することで、浸透させることも行っています。

出川小学校で整えた学習規律の具体的な内容については、下の例を参照してください。

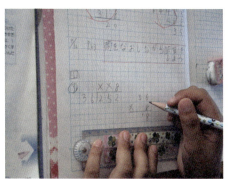

＜出川小学校の学習規律の内容＞

	低学年	中学年	高学年
学習用具とその整理	引き出しの右側に教科書・ノート類を時間割順に置き、左側に道具箱を置く。授業で使った教科書類は、順に下の方に入れ込む。		
持ち物	筆箱＜削った鉛筆５本程度、赤鉛筆１本、消しゴム１個、定規１本＞	筆箱＜削った鉛筆５本程度、赤鉛筆（赤ペン）１本、消しゴム１個、定規１本＞	筆箱＜削った鉛筆５本程度、色ペン（赤・青）２本、消しゴム１個、定規１本、名前ペン＞
	道具箱＜のり、はさみ、クレヨン、色鉛筆、名前ペン、セロハンテープ、30cmのものさし（2年）＞	道具箱＜のり、はさみ、色鉛筆、名前ペン、セロハンテープ、30cmものさし、三角定規、分度器（4年）＞	道具箱＜のり、はさみ、色鉛筆、セロハンテープ、30cmものさし、三角定規、分度器＞
	※学習用具は派手なものは控える（すべて記名する）。		
机の横にかけるもの	黄帽子（かける紐をつける）、給食袋、マスク袋、手さげ袋（本）、なわとび（冬季）		黄帽子（かける紐をつける）、給食袋（マスクを入れる）、手さげ袋（本）、道具袋
休み時間	お茶を飲んだりトイレに行ったりすることを、始業前にすませる。	用事は始業前にすませる。トイレは授業中に行かない。	
	次の時間の教科書やノートを机の上に準備してから休む。		
		特別教室への移動は休み時間内にすませる。	
始業	チャイムが鳴り終わるまでに席につく。		
あいさつ	始業と終業時にあいさつをする。語先後礼。椅子を入れて立つ。		
授業中	名前を呼ばれたら、「はい」と返事をする。		
	名前は敬称をつけて呼ぶ。		
		鉛筆１本、赤鉛筆１本、消しゴム、定規を筆箱の前に出し、筆箱の口は閉じる。	
	机上には教科書を左に、ノートを真ん中に、筆箱を上に置く。		
	挙手は右手を真上に挙げる。		あいている手を真上に挙げる。
	立つときは、静かに立つ（座るときも同じ）。椅子の横へ（椅子は入れない）。		
終業	終わりのあいさつをする。椅子を入れて立つ。		

 学習規律の徹底のポイント

- できることから、でも、100％をめざす
- 全校で統一する
- 褒めて、めざす姿を示す
- 徹底を図る時期に留意する

第１章　出川小学校の考え方と取り組み　13

4　ICTの有効活用

　子どもたちに学習内容を習得させ、習得したことを元に、思考・判断・表現することで活用させながら、子どもたちの学力を保障するのは、どのような授業でも同じです。しかしICTを活用すると、学習内容の習得やその活用が、無理なく効果的に、しかも日常的に実施していくことが可能となります。

　出川小学校で一番活用されているICTは、実物投影機です。その名の通り、教科書やノートなどの実物を、スクリーンに大きく投影するものです。一番活用される理由は、使い方が簡単で、とても大きくスクリーンいっぱいに拡大投影できるところです。操作は簡単なので、子どもたちも意見発表などで日常的に活用しています。

　その他には、フラッシュ型教材やデジタル教科書などが日常的に活用されています。フラッシュ型教材は、授業の導入場面やまとめの場面で、既習の内容を学級全員

で声を出しながら、2分ほどで短くテンポよく活用します。声を出すことにより意欲の高揚につながり、基礎・基本の既習内容の習熟に効果があります。使用する教材は、自分で作る場合もありますが、WEBの専用サイトに非常に多くの教材が用意され、無償でダウンロードすることも可能です。

　また、デジタル教科書は、子どもたちが使用している教科書と同じ内容を大型モニターやスクリーンに大きく映すことができます。さらに国語の読み物教材で音声を流したり、関連する画像や動画が用意されている社会や理科では、それらを映したりしています。詳しくは第3章の実践事例をご参照ください。

　このように出川小学校ではICTを活用していますが、ICTが授業をわかりやすくしてくれるわけではありません。ICTを有効活用するために出川小学校では、次のようなポイントに留意しながら活用しています。

 ICT活用のポイント

- いつでも使えるように常設し、日常的に活用する
- 必要な場面でのみ、効果的に活用する
- 教材提示は、何を示し、何を問い、何を言わせるか明確にする
- 教材提示は「MAX拡大」する（スクリーンいっぱいに拡大して投影する）

5 確実な習得と、それを元に活用を図る授業

ア 習得の場面と活用の場面

現行の学習指導要領では、知識・技能の習得とともに、思考力・判断力・表現力などの育成が重視されています。そこで出川小学校では、基本的な知識・技能の習得と、習得したことを活用して思考・判断・表現する力の育成をめざし、「習得の場面」と「活用の場面」を意識した授業に取り組んでいます。これらの授業は、前述の学習規律の徹底とICTの有効活用がベースになっています。この習得と活用を意識した授業のために、次のような手順で習得・活用の場面を明らかにしていきます。

1. 単元全体を見通し、場面や活動を整理する
2. 教科書の問題配列など、学習教材を確認し、習得の場面と活用の場面とを明らかにする
3. 各授業において、場面に応じた活動を設定する

イ 確実な習得を図る

学習内容が増え、教科書が以前よりも分厚くなっても、全体の授業時数や授業日数はそれほど増加していません。例えば算数では、2年生から6年生までは、年間175時間が標準時間と定められています。これは、教科書の内容を全て教え終わる時間と一致しています。さらに、単元のまとめのテストを行う時間などを考えれば、「続きはまた明日やりましょう」などと安易にできないはずです。1単位時間で、教師はしっかり教え、子どもたちが学べるようにする必要があります。

このような状況の中、出川小学校では、確実な習得を図るために、まずは教師主導で端的に教えることとしています。教えるべきは教え、考えさせるなどと明確に区別しているということです。

例えば、5年生算数「割合」（17時間完了）の単元での「割合とグラフ」の学習では、次のように進めました。

主な流れ・活動と子どもの様子など　T：教師　C：子ども

■1　導入　前時の復習

「くもわの表」を元に、もとになる量・くらべる量・割合の関係を確認。百分率を小数に表す。これまで学習したグラフの特徴を確認する。

■2　本時の学習のめあてをつかむ

T：「今日は二つ以上のグラフを使って読み取る勉強をします」
めあて板書。「グラフを読み取ろう」
画面で教科書のグラフ（農業生産額）を示し、何のグラフであるのか、グラフの縦軸・横軸の内容と生産額を発言により確認。続いて二つの円グラフ（種類別の割合）についても同じように発言から確認。
C：積極的に挙手し発言。

■3　問題を読み、答えを求める

問題ア）　Tが読み、答えをノートに書くよう指示。「10秒で書いてください」
問題イ）　T：「この問題は何を求める問題ですか」C：「2010年の野菜の生産額です」
T：「ではどれとどれを選べばいいでしょう、ノートに書きましょう」
T：「2010年がポイントです、農業生産額は？」C：つぶやきで「50億円」T：「聞かなかったことにします、教えてくれる人」T：「野菜の生産額について、関係図を使って求めましょう、いつものように3マスで、時間は1分」C：素早く関係図を書きながら取り組む。
T：関係図に記入し説明。立式し、計算について発言を求め、配慮が必要な子どもを指名し、説明を加えながら答えを示す。
問題ウ）　Tが問題を読み、関連するグラフを画面に示し、まず正しいかどうか30秒で考えさせる。そして「正しくないわけをノートにオリジナル、もしくは例のように書きましょう」
　　例①計算してみると②このことからわかることは③よって正しくない
C：多くが例を参考にわけを書く。T：机間指導により状況把握。2名を指名し実物投影機でノートを画面に映し説明する。

■4　次時の予告

　この授業のポイントは、前半の「習得の場面」です。①短くわかりやすい指示・発問で、端的に教えること②全員でやり方を確認すること、です。特に②を行うことで、他の問題も同じように取り組めばよいこと、すなわちやり方として見本を示すことができます。
　教師主導の端的な指導も、ICTの活用でよりわかりやすく提示したり共有したりすることができ、基本的な知識・技能の確実な習得が可能となります。

ウ　習得したことを元に活用を図る

　習得したことを元に活用を図るとは、学んで知り、身に付けた知識や技能をもとに、思考・判断・表現させることです。よって、いきなり「考えましょう、どうすればいいのか選択しましょう、意見を発表してください」などはあり得ません。まず、確実な習得ありきです。その習得されたことを元に、スムーズに活用を図るために、出川小学校では「伝え合う活動」と「学び合う活動」を設定しています。

エ 「伝え合う活動」と「学び合う活動」

　出川小学校では、隣同士の子どもたちが、自分のノートを二人の中心に置いて、指でノートを示しながら自分の考えを伝え合っているシーンが日常的にあります。例えば算数の授業で、教師の端的な指導により全員で確認して習得した解き方を元に、似たような問題を自分で解き、ノートに書いたものを、隣同士のペアで自分の考えを伝え合っているシーンがそれにあたります。出川小学校ではこれを「伝え合う活動」と呼び、自分の考えを隣同士や全体で説明したり表現したりする活動としています。習得したことを元に自分で解いた答えがノートに書かれているので、隣の子にその部分を示しながら説明することが簡単にできます。また、その延長として、実物投影機に自分の書いたノートを置き、スクリーンに拡大して学級全体に対して発表することも無理なく可能となっています。習得したことを元に、まねをしながらも自分で考え問題をノートに表しながら解き、それを見せながら発表するという活動の中に、思考・判断・表現が無理なく実現されています。

　一方、「学び合う活動」は、グループなど複数の人数で、考えを検討してまとめたり、まとめられたものを表現したりする活動です。基本は同じですが、隣同士で伝え合うことよりも、考えの検討の仕方や、そのまとめ方を含め、活動の意義などを理解した上で実行できる高学年で実施されます。

　出川小学校では、この「伝え合う活動」「学び合う活動」を通して、学んで習得したことを元に、思考・判断・表現するということ、つまり活用が図られるものとしています。

　このように「伝え合う活動」「学び合う活動」により活用を図る授業を日常的に実施していますが、確実な習得なくして活用はできません。例えば算数で問題の解き方が習得されていないまま、伝え合ったり話し合ったりすることはできないということです。

オ　1時間の授業で習得し、活用を図るために

　ここに一つの授業の例があります。4年生「式と計算の順序」の単元で、式の表す意味について図と結びつけて考え、そのわけを図を使って考え伝え合う学習、つまり1時間の授業前半で習得し、後半でその習得したことを元に活用を図る授業です。算数の授業では、このような進め方をする事が多くあります。この場合、ポイントとなるのが、「いかに前半の習得場面を端的にわかりやすく指導するか」ということになります。

　授業の前半、教科書に示された三つの考え方について、その中の一つを教師主導で、話形を示しながら全員で説明の仕方や図の見方を学びます。他の二つについても、その仕方を元に、

説明の仕方や図の見方を確認し、三つの考え方の表し方を習得します。教師によるわかりやすく端的な説明で、授業の前半18分で習得を図りました。そして、この三つの考え方の表し方を元に、授業の後半、別のお菓子の数と入れ物の問題で、「学び合う活動」として班ごとに説明するための図を書いたり、言葉で表したりしながら考えをまとめ上げ、更に、各班の考えを発表し合いながら、学級での考えとしてまとめていきました。この活用場面に要することができた時間は27分でした。前半の習得場面で端的に教師主導で習得を図ったことにより、班で無理なく考えをまとめたり全体で話し合ったりするなど、活用を図ることが可能となりました。

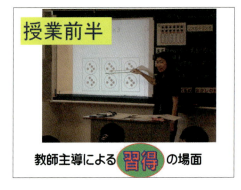
教師主導による 習得 の場面

授業例の時間配分
前半：習得 18分 → 後半：活用 27分

　このように、1時間の授業で習得を図り、その習得したことを元に活用を図る授業では、考えたり、決めたり、発表したりするなど、無理なく十分に活用を図るための時間を確保するために、時間配分として授業の前半を端的な指導で短くすることが大切です。そのためには、教師は言葉を精選し、ICTで大きくわかりやすく教材を提示するとともに、話形など貼り物を黒板に整理して提示することなどが、大切な指導技術となります。

1時間の授業で習得し、活用を図るためのポイント
- 授業の前半に教師主導で端的にやり方などを習得させる
- 指示や発問を精選し、ICTを活用したり、話形を貼ったりする
- 授業後半の活用場面の時間を十分確保して活用を図る

6　板書とノート指導

　ノートがきちんとまとめられている子の方が、雑に書いている子よりも学習内容の定着度は高いと言われます。出川小学校では、ノートがきちんとまとめられるよう指導していくことは大切な事だと考えています。しかし、あるクラスでは指導され、あるクラスでは取り組まれていない、ということでは子どもたちに徹底されずに終わってしまいます。そこで、どの学級でもノートをきちんと書くことができるよう指導しています。

　子どものノートがきちんと整うためには、まずは教師の板書がきちんとしている必要があります。ノート指導をする上で、板書を整える必要性を全員で共有しています。その中で、次の2点はどの学級でも当たり前の事にしています。

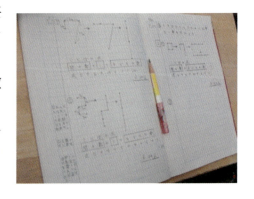

・日付を書く
・「めあて」・「課題」を書く

　これらを含め、板書を整え見やすくすることで、子どもたちのノート指導にも役立てています。その他、板書について共通認識していることをまとめると、以下のようになります。

・実物投影機のスクリーンは黒板の左側に常設し、板書のたびに出したりしまったりしない

　出川小学校では、どの授業でも、様々な場面で実物投影機を使用しながら授業を進めています。場面ごとにスクリーンを出したりしまったりでは、時間と労力が無駄になってしまいます。そこで黒板の左側にスクリーンを常設しています。

・低学年のうちは、子どものノートの文字の字数に合わせて、板書も書くようにする

　こうすることで子どもたちのノート記入のスピードが速くなります。

・一行空けたり、一マス空けたりして書かせるときは、板書用の「一行あけるカード」「一マスあけるカード」を黒板に貼って、その通りノートに書かせる

　このカードは、縦書き用、横書き用をいくつも作成し、いつでもすぐに使用できるようにしておきます。これによってノートに統一性が生まれ、見やすいノートにつながります。主に年度や学期の始めに使用し、徐々にカードを使わなくても子どもたちが一行や一マス空けてノートに書けるようにしていきます。

・算数などでは、黒板を3等分し、一番左にスクリーン、真ん中には習得の問題、右側には同様の問題の解き方を書く

　スクリーンに映したものは、もちろん子どものノートには残りません。何を映すのかをしっかりと考える必要があります。また、習得の問題と同様の問題についてはできるだけ左右同じような配置、内容で書くようにします。そうすることで整理された見やすい板書になり、それによって子どもたちのノートも整ったものになります。

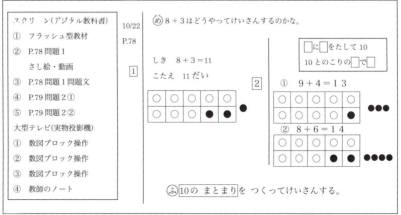

<板書計画>

第1章　出川小学校の考え方と取り組み　19

このように、板書を見やすく整ったものにするよう気を配ったことにより、子どもたちのノートも少しずつ見やすく整ったものに変わってきました。板書の重要性を認識したため、指導案にも板書計画（P19）を常に載せるようにしています。スクリーンに映す予定のものも、指導案上に簡単に記入するようにしています。

7 「終わりの3分30秒」

授業の流れとして、めあて・課題をしっかりと捉え、そのための手立て、発問を吟味し、最後に学んだことをまとめ、確認するといった流れは大切です。出川小学校では特に、この授業で何がわかったのか、言語活動の充実を図りながら、自分の言葉でノートに書かせたり言わせたりすることを大切にし、これを「終わりの3分30秒」として意識しています。このように授業の最後に、この授業で学んだことを言語化する作業を通して、学習内容を整理します。

現在、共通理解を図りながら進めているのは以下の点です。

1. 授業の「めあて」を板書では『め』として示すことに対して、授業の「振り返り」を、板書には『ふ』と示す
2. 感想やわかったことを書かせるだけでなく、めあて・課題に対しての振り返りとなるように問いかける
3. 「振り返り」として、何が書けたり言えたりすればよいのかを、教師がしっかりと捉えておく

例えば高学年の実際の授業では、授業の終末に、教師がまとめとして振り返る際のキーワードを伝えます。すると子どもがノートに学んだことを自分の言葉で速やかに書き始めます。教師はその様子を把握し、まとめが終わった頃に全体のまとめにつながる数人を意図的に指名し、その発言について、指名した理由や必要なキーワードなどを伝えながら学級全体の学びについて確認していきます。

8 さらなる課題、次のステップへ

板書・ノート指導や「終わりの3分30秒」は、平成24年度の研究以降に、出川小学校の授業改善として取り組んできた内容です。これらの課題をはじめ、全校で共通理解を図り、解決の方法を探りながら一歩ずつ授業改善につながるあゆみを進めています。

平成26年度9月からは、これまで積み上げてきた学習規律の徹底や日常的なICTの活用による学習指導をベースに、一人1台のタブレットPCを使った授業への取り組みも始め、現実的な活用について研究を進めています。

出川小学校の研究から真に学ぶべきこと

株式会社フォー・ネクスト　代表コンサルタント／大西貞憲

　出川小学校の研究について初めて聞いたのは、春日井市の先生方も沢山会員になっている、愛される学校づくり研究会でのことでした。当時の教頭の田中雅也先生から報告があったのですが、学校が研究を通じて何をめざしているのかがよくわからなかったことを覚えています。その一方で、堀田龍也先生が指導を引き受けられたので、これで何とかなると安心しているようにも見えました。少し研究の先行きに不安を感じました。堀田先生が指導に来られる時には全てオープンにすると聞いて、研究の過程を見学して学ばせていただこうと思いました。

　初めて訪問したのは6月のことです。ICT活用ということもあってか、若手の先生を中心に授業が公開されていました。この時感じたのは、ICT活用以前に1時間の授業として何をめざしているのかがよくわからないこと、そして授業の基本である学習規律が確立していないことでした。どのような学校、学級、授業をめざすかが明確でなければ、研究は迷走してしまいます。また学習規律が確立せず、子どもたちが集中して授業に参加していなければ、それこそどんなに教材研究をし、授業を工夫しても意味がありません。学校として何を研究したいのかが、この日の公開からはわかりませんでした。この後の堀田先生のご指導を直接聞くことはできませんでしたが、後日その時の記録を読む機会がありました。この学校の現在の課題とその解決への方向性がわかりやすく語られていました。この時は、これでよい方向に研究が進むであろうと思っていました。

　12月に訪問した時には、まずは基本である学習規律を確立させることに力を入れていることがよくわかりました。前回訪問時と比べて、教科書、ノートをきちんと机に整理しておくといった、目に見える部分は改善されているようでした。教師が意識して注意、指示をすればこういう表面的な規律はよくなります。「自信をもって話す」「伝えたい事を理解する」「伝え合う中で考えを深める、伝え合う」といった言葉がこの学校のめざす子ども像の中に見られますが、子どもの具体的な姿、そのような子どもをつくるための具体的な授業のイメージが、全くないままに取り組んでいるように感じました。はっきりいうと、先生方が本気でそうありたい、そうできると思っているようには見えなかったのです。この日の堀田先生のお話には、できるようになったことを褒め、努力を認める言葉が随所に散りばめられていました。そして、改善の方向性を押しつけでなく、選択肢の一つとして提示されました。その上で、研究全体については、そんなに簡単に達成できる目標ではないと、現実とのギャップを上手に指摘し、管理職や中心となる先生に対してもう一度目標を考えなおすという選択肢を上手に提示されました。恐らく、私と同じようなことを感じられたのだと思います。

　この後、翌年の発表会当日まで訪問する機会がありませんでした。その日の私のブログには、「まず驚いたのが、子どもたちの雰囲気が大きく変わっていたことです。落ち着いていて、笑顔も沢山見ることができました。教室が子どもたちにとって安心できる場所になっています。先生方がめざす授業規律も徹底されてきています。簡単なことのようですが、学校全体となるとそうたやすいことではありません。先生方が互いに学び合った時間の積み重ねを感じます」とその変化への驚きが書かれています。

　絶対的にはまだまだ改善すべき点はたくさんあるでしょう。そんなことは問題ではないのです。あれからわずかの間にここまで大きな変化があったということは、先生方が個々に頑張るだけでなく、互いに学び合い、また管理職の方が意識を変革し先生方の頑張りを支えてきたはずです。ぶつかることもあったでしょう。そこに多くのドラマがあったはずです。出川小学校から学ぶべきはその表面的な変化ではなく、そこに至るまでに、それぞれの立場で何を考え、どのような取り組みをしてきたのかという先生方の変化の過程です。この本を通じ、多くの学校にこのことを学んでいただきたいと思います。

3 わかりやすい授業に向けての授業改善の取り組み

　学習規律の徹底や ICT の有効活用を基盤としながら、確実な習得と、それを元に活用を図る授業が出川小学校の授業の基本的なスタイルです。そこに至るまで、また、このようなスタイルに至った現在でも地道に取り組んでいるのが、わかりやすい授業に向けての授業改善の取り組みです。日々の授業をわかりやすいものとしていくために、各教師が努力することはもちろんですが、一人の力には限界があります。組織として、学校全体で授業改善を図るために、年間の予定や場面設定を行い、次のように取り組みました。

1 授業改善につながる年間計画などの見直し

　授業改善に取り組むための方向性を確認する場や、全体で協議・検討・確認する場、授業実践して協議することなどを行うためには、場の設定が必要です。そのためには、時間の生み出しを行わねばなりません。出川小学校では、日課や年間計画の見直しを次のように行いました。

ア　安定した日課とするために

　以前は、曜日や時期により日課を柔軟に変化させていました。休み時間をまとめることで長くして、体力作りの活動や仲間作りの活動をすることに充てていました。しかし、例えば同じ1時間の 45 分授業でも、日によって開始が 10 時 30 分であったり 10 時 45 分であったりすると、授業の開始のリズムがそろわないなどがありました。それらを解消するために、大きな行事以外は毎日同じ日課としました。

イ　年間の行事や教育活動の見直し

　一方、授業改善について、協議・検討・確認するための全体会や、学年などのまとまりで授業実践したことを協議・検討する場を設定するために、年間の行事や教育活動、会議の設定について全体を見直しました。その結果、全体会や学年部会などを、必要な場面に設定することが可能となりました。

年間の全体会や部活などの設定

（平成 26 年度の例）
○ 校内授業研究会　　　　　7月・10月・1月　の3回設定
○ 校内授業研究会を柱に、そのための指導案検討や成果と課題の確認のため、
　　全体会や学年部会をおおよそ以下のように設定、実施
　　・現職教育全体会…月1回程度　合計8回実施
　　・学年部会…月2〜3回程度　合計19回実施

2　授業改善につながるシステム

　授業改善を現実的なもの、継続して取り組むものとするために、組織と場面を整理しました。それを図にすると次のようになります。

　　P　全体会
　　D　学年部会・ブロック部会
　　C　校内授業研究会
　　A　研究推進・各部会

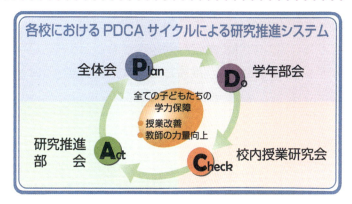

　全体の流れとして、全体会で「共有」（Plan）し、学年や2学年のブロックの部会で「実践」（Do）を繰り返し、校内授業研究会により「客観性の確認・評価」（Check）をする。そこでの課題などについて、研究推進や各部会で検討の上「方向付け」（Act）し、また、全体会で「共有」する…というPDCAのサイクルによるシステムを基本としています。そして「何のために」「何を」「誰が」「いつ」「どれくらい」実施するのかを具体的にして、次のように取り組んでいます。

ア　全体会（Plan）

　キーワードは「共有」です。研究の全般について、全教員で確認し合う場です。例えば、「学習の規律の徹底をどのように全校で取り組んでいくのか」、「ICTの日常的な活用で、このよう

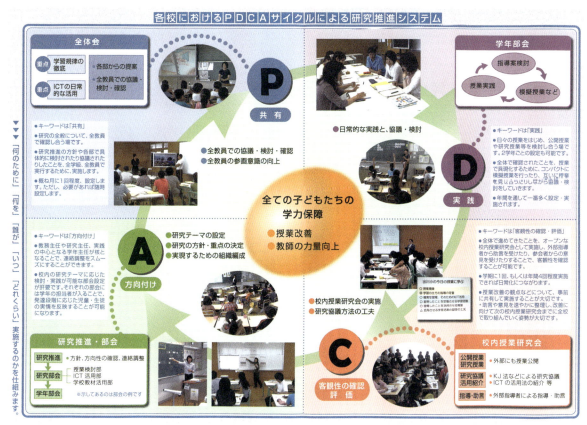

（春日井市教育委員会・出川小学校「『つながる研究推進』システム」より）

第1章　出川小学校の考え方と取り組み　23

なシンプルな活用方法はどうだろうか」など、研究推進からの方針や各部で具体的に検討されたり協議されたりしたことを、全学級、全教員で実行するために設定し実施します。このように全教員で協議・検討・確認し合うことで、互いの参画意識を向上させることにもつながります。概ね月に1回程度設定しますが、必要があれば随時行うようにしています。

イ　学年部会・ブロック部会（Do）

　キーワードは「実践」です。日々の授業をはじめ、公開授業や研究授業等を学年で検討し合う場です。ブロック部会というのは2学年が一緒に取り組む部会のことで、低学年・中学年・高学年のブロック部会で実践を行っていく場合もあります。授業検討では、全体会で確認されたことを授業で具現化していくために、指導案レベルで検討し合ったり、コンパクトに模擬授業を行い、互いに授業を見合ったりしながら協議・検討していきます。日常的な実践と協議・検討が中心であるので、年間を通じて一番多く設定・実施しています。学年部会は、月に3回程度設定して、教材や指導案について意見交換などを行います。またブロック部会では、学期に1回程度各ブロックで研究授業を実施し、授業後に協議会を行っています。

ウ　校内授業研究会（Check）

　キーワードは、「客観性の確認・評価」です。全体会で進めてきたことを、オープンな形での「『公開による』校内授業研究会」として実施し、外部指導者から助言を受けたり、参会者からの意見を受けたりすることで、出川小学校で取り組んできたことの客観性を確認することが可能です。校内授業研究会の前には、コンパクトな全体会で授業改善の観点などを事前に共有して実施しています。

　出川小学校では、年間4回程度、4〜8学級の公開授業と2〜12学級の研究授業、研究協議と全体会という内容で実施してきました（下参照）。外部指導者・堀田龍也先生には、平成23年度より継続してご指導・ご助言をいただいてきました。

　出川小学校の教員は授業を公開するとともに、授業改善についての課題を元に、午前中の公開授業を出川小学校にとっての研究授業として位置づけ互いに参観し、午後にKJ法などによる研究協議を実施しています。

　一方、出川小学校にとっては校内授業研究会ですが、市の教務主任研修会の場となっていること、公開を前提に実施していることから、毎回120名ほどの来校者の下で校内授業研究会を実施しています。堀田先生は、毎回、全ての公開授業と研究授業を観

られ、出川小学校の研究の状況や方向性について、全体会の場で具体的に指導・助言をくださいました。そのご指導は、いつもそれまで示していただいてきたこととのつながりがあるので、出川小学校にとっては、その後の研究の方向と課題の解決に向かうことがとても明確になりました。

エ　研究推進・部会（Act）

　キーワードは「方向付け」です。出川小学校には、研究全体の方針や重点を決定するための検討や、それらの実現のための組織編成など、研究を推進していく役割として、教務主任、学年主任で組織する研究推進部会が設定されています。管理職も研究推進部会に参加しています。また、研究の内容に応じた授業検討部会、ICT活用部会などの部会もあり、全員がそれぞれ部会に所属しています。研究と日常の教育活動を含めて連絡調整が可能となるように、研究推進に学年主任が所属することと、それぞれの部会に各学年の担当者が所属することはとても大切なことと捉えています。

　校内授業研究会で明らかになった課題の解決に向け、研究推進部会で協議・検討して方向性をはっきりさせます。その方向性に基づき、各部会は具体的な手立てや方策について検討していきます。それらを全体会で提案しながら「共有」を図りますが、全体会前には各学年からの情報により既に「共有」されている状態になるからです。

わかりやすい授業に向けての授業改善の取り組みのポイント
- 校内の研究の流れを、PDCAサイクルにより無理なく機能する仕組みとする
- 日課や教育活動の見直しにより、授業改善の場を設定する

日常授業改善を研究レベルに引き上げた出川小学校

三重県津市初任者研修指導員／中林則孝

2年前（2012年）の11月に行われた出川小学校の公開研は衝撃でした。授業者であれば誰しもが望んでいる日々の授業を充実させ、学力を高める授業。しかし、全てのクラスの毎日の授業を充実させることは非常に難しいことです。出川小学校はその難しい日常授業の改善に挑戦しました。

「出川小学校には教科のエキスパートはいない」（堀田先生のブログより。以下、ブログと称す）ごく普通の小学校でした。授業についても「話し合いが中途半端に行われるため、結果的に学び合いにはなってない。最近よく見られる、伝え合うこと優先で教科の目標が十分に達成されない例」（ブログ）とのことです。そんな学校が日常授業改善を世に問うことができたのは、まぎれもなく堀田龍也先生が頻繁に指導に入られた結果です。いわば「堀田マジック」。私の目で見た堀田マジックを紙幅の許す限り考察させていただきます。

（1）学習規律の徹底

学習規律が大事なことは当たり前です。でも、それを徹底するのは簡単ではありません。繰り返しの言葉がけなどの指導が必要です。新学期最初の3日間だけ指導すれば徹底できるわけでもないのです。そこには教師の強い意志と（やり遂げるという）覚悟が必要です。出川小学校の職員は堀田先生のこの指導を「愚直」（ブログより）に受け止め、教室で実践を繰り返しました。このことが、出川小学校の研究の骨格をなしていると思います。

タブレットだの、生きる力だの、学び合いだの、高度な教育の前にすること、それは愚直に学習規律を徹底すること。それを見事に成し遂げたのが出川小学校といえます。

（2）まずは実物投影機から

出川小学校では学習規律の徹底と平行して、「習得型授業におけるICT活用」を進めました。教科目標の達成をターゲットにし、基礎学力を向上させようとしていました。教科書を拡大提示し、わかりやすい発問で考えさせる授業です。決してICTの機能をむき出しにした実践を目指してはいません。そのことは公開研の授業からも見て取れました。公開研では25学級、すべてのクラスが指導案を書き、授業を公開しました。これも「日常性の公開」といえます。

（3）習得から活用へ明確な道筋

「習得から活用へ」という実践も、出川小学校はひと味違います。観念論や理想論ではなく、あくまで現実的です。だからこそ、私たちの学びが大きいのです。紀要には「学習促進のためのコミュニケーション」として7つの授業場面が提案されています。「では、○○を元にして自分の考えを書きましょう」「ノートを真ん中において隣の人と図や文を指で指しながら説明しましょう」「聞く人は自分とどこが同じなのか、違うのか考えながら聞きましょう」などという説明があり、あくまでも習得したことを元にしていることがわかります。グループで話し合いさえすればよいということではありません。話し合いの内容を深いものにするための現実的な方法が実践的に提案されています。

こういった実践の筋道を明らかにした出川小学校の研究は公開研の形で私たちに多くのことを与えてくれました。まさに「日常授業改善を、公開研を通して研究レベルに引き上げた」のです。そこには堀田理論を愚直に受け入れた職員がいました。堀田理論を具現化した、全国で唯一の学校ということもできるでしょう。今、この出川小学校の実践が、春日井市、さらには全国に広がろうとしています。現場で成功させるためには（1）で述べた「学習規律の徹底」が肝だと私は思います。

第2章

春日井市教育委員会の
考え方と取り組み

1　春日井市教育委員会の方針

　出川小学校が学習指導の研究実践に継続して取り組んでいるのは、春日井市教育委員会との連携により、その成果を市内全小中学校に広めることを狙っています。春日井市教育委員会は、長年にわたり教育の情報化に取り組んできました。しかし、校務の情報化を起点にその取り組みを行ってきましたので、授業でのICT活用については、校務の情報化に比べると遅れていました。そこで、春日井市教育委員会としてこの状況を解消するために、出川小学校を核にして次のような方針で取り組むことにしたのです。

1 　教育の情報化の推進について

　春日井市では、平成11年（1999年）の「春日井教育ネットワーク（ハルネット：haru-net）」の構築を契機に、教育の情報化に向けて大きく歩み始めました。この「春日井教育ネットワーク」（以下、ハルネット）は、市教委にセンターサーバーを設置し、市内の53校を接続した集中管理型の行政ネットからは独立した教育ネットワークで、当時は参考になる事例は少なく、手探り状態からのスタートでした。

　この「ハルネット」について、始めは、まず教師が業務で活用してそのよさを理解しないと、授業では活用しないだろうとの考えから、「校務の情報化」という言葉がまだなかった時期に「教育情報の共有」をキーワードに校務での活用から始めました。現在の校務支援システムの原型づくりにアイディアを出したり、教師が情報の共有や情報の管理などを、無理なくどの学校でも同じように可能となるように、IDやメールアカウント、そして校務用のノートPCを全教職員に配付したりすることなどに取り組みました。

　さらに、教職員がそれぞれの立場で教育情報を共有し合うツールとして、使いやすいものにする必要があることを確認し合いました。この基本コンセプトがその後のシステム整備にずっと貫かれていることは、「ハルネット」の大きな特徴の一つです。

　各学校でシステムが整備されるにつれ、次の図のように、校内での情報共有や、学校を越えた横のつながりもできてきました。

　ネットワークを物理的に整備すれば、自動的に活用が進むわけではありません。人がつなが

る方法が必要です。そのために重視したことは「皆同じ」です。「どこに行っても基本は皆同じ」という環境を「ハルネット」に作りました。例えば、データを保存するためのファイルサーバーのフォルダ構成も、基本的にはどの学校でも全て同じにしました。他校へ異動しても、どのジャンルの文書がどのフォルダに保存されているか容易に類推でき、前任者との「情報の共有」を自然にできるようにしました。

　このように、つながることで得られる「安心感」を知った教職員は、「ハルネット」を更に使いやすくする工夫を生み出しました。校務分掌に応じたメーリングリストを活用した情報交換が活発になり、市内の教職員相互の結びつきも強くなりました。機械で結ばれたネットワークから人が結びついたネットワークが生み出されてきたのです。

　このようにセンター方式の教育ネットワークを普及させることができた要因の一つに、活用推進のための組織の存在があります。本市の教育の情報化推進の組織として、春日井市情報教育特別委員会があります。この委員会は、校長・教頭などの管理職の他、教務主任や一般教員といったICTを日々の授業や校務に生かしたいと願う教員など、様々な立場の教職員で構成されています。この委員会の活動は常に学校現場に密着しており、この15年間で、教育の情報化推進の輪が市内全体に大きく広がりました。例えば、特別委員会所属の校長や教頭が率先して自校のホームページ作りに取り組み、他校にも促しました。そのおかげで、本市の学校ホームページは、現在では全校がほぼ毎日更新を続けており、学校の日常を保護者や地域に伝える大切なツールになっています。また、成績処理や児童生徒の名簿管理など、いろいろな校務事務を処理するシステムづくりを進め、その結果が校務支援システムとして形となり、校務の情報化を推進することができました。そして、職員全体の打ち合わせ場面を減らし、ネットワーク上の連絡掲示板の活用を促したことなども、手法としては少々強引な面もありますが、結果的には業務の効率化や便利さを実感してもらうことができました。さらに、学校図書館の情報化に取り組み、学習センターとしての機能強化を図る一方、養護教諭の保健統計の情報化や事務職員の業務の情報化にも取り組み、様々な校務の情報化を推し進めました。

　この15年を振り返ってみると、とにかくできることから無理をせずに取り組み、教職員主導で市内全体のボトムアップを図ってきました。1人1台ノートPC、緊急メール配信システム、ブログ形式のホームページシステム、IPファクシミリ、ネットワーク防犯カメラの導入など、すでにネットワークがあるから実現できたこともたくさんありました。このように、校務支援システムの導入と整備を先進的に取り組んできた結果、教職員にはネットワーク活用による情報の管理や情報の共有のよさが徐々に浸透しました。

　さて、学習指導としてのICT活用は、校務の情報化の後からついて行く形で整えていくことになりました。実物投影機やプロジェクター、電子黒板、指導者用デジタル教科書を導入して、その活用について研修を実施するなど、徐々に学習指導でのICT活用にウエイトが置かれるようになっていきました。また、当時春日井市では「PCアドバイザー」と呼んでいましたが、今でいうICT支援員の立場の方にも学校現場に入って頂いていました（PCアドバイザー派遣は平成20年に事業が終結）。これらの試行錯誤と積み重ねにより、PC室での情報教育から、普通教室でのICT活用へシフトしていきました。

　出川小学校は、平成19年度まさにそのようなタイミングで開校を迎え、電子黒板や実物投影機、プロジェクターが、他の学校よりも多く整備されました。折しも平成21年度のスクー

ルニューディール政策とも相まって、出川小学校を始め、市内の全小学校の全普通教室に実物投影機とプロジェクター、スクリーンのセットが導入され、普通教室で ICT を活用した日常的な授業の実践が可能な状況となりました。

　このようなことから、出川小学校は春日井市内における ICT 活用、ICT 研修の基幹校としての役割を担うこととなりました。それまでは、ICT に関連する研修も、機器の操作やソフトの説明などの内容が多かったものが、実物投影機とプロジェクターや指導者用デジタル教科書を活用したわかりやすい授業に向けた ICT 活用研修が中心となり、その研修場所が出川小学校の普通教室ということになってきたのです。

　そのような状況の中、平成 23 年度からは出川小学校を学習指導の研究指定校とし、ICT 活用を中心としたわかりやすい授業づくりについて研究実践を進めるとともに、その成果を市内全体に普及させるための研修の拠点の役割も担うことになりました。

　さらに、平成 26 年度からは、パナソニック教育財団との共同研究の「ワンダースクール応援プロジェクト」により、1 人 1 台のタブレット PC の授業活用についても研究実践を進めることとなりました。

春日井市の教育の情報化のあゆみと方向性

・早くから教育情報の共有化を目的に教育ネットワークを整備してきた

・校務の情報化を中心に ICT 環境を全小中学校に整備してきた

・普通教室での学習指導に活用できるよう、実物投影機、プロジェクター、指導者用デジタル教科書など現実的かつ効果的で、操作が容易な ICT 機器などを全小中学校に導入し、日常的に活用できるように整備を進めてきた

・出川小学校の研究実践成果の全小中学校への普及を図る

---

2 「かすがいスタンダード」の普及

「かすがいスタンダード」を次のように定義しています。

「かすがいスタンダード」とは

全ての児童・生徒の学力の保障をめざして、学習規律の徹底と ICT の有効活用を中心としたわかりやすい授業を日常的に展開するための、市内全体で取り組むべき学習指導や学習環境のこと。

　実は、この「かすがいスタンダード」は、元々定義づけたり普及させたりするために設定していたわけではありません。全ては、出川小学校が平成 23 年度から取り組んできた研究成果を、市内全体で共有し全小中学校に普及させていくべきであるという状況が、このフレーズと内容を明確にさせたのです。

　この定義をもう少しひもといてみると、より明確になります。

　『全ての児童・生徒の学力の保障をめざして』は、大目標であり、目的です。一人もおろそ

かにせず、全ての子どもたちに対して学力の保障に最善を尽くすという、出川小学校が取り組んできたことです。

『学習規律の徹底とICTの有効活用を中心とした』は、基礎・基本の知識や技能を確実に習得させるために、どの学校でも取り組むことをこの2点に絞るということです。どの学年でも欠かすことのできない『学習規律』を徹底し、市内の全ての小中学校に導入整備されている『ICT』を道具として有効に使っていく、ということです。

更にこの2点は、特別な時だけでなく、いつでも当たり前のように『わかりやすい授業を日常的に展開するため』に取り組むことであり、当然、特別な学校だけではなく『市内全体』のどの学校でも『取り組むべき』学習指導であります。また、このような学習指導ができる『学習環境』を整えていくということです。

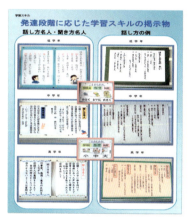

出川小学校の研究発表会や公開校内授業研究会に参加した市内の教員の多くは、学習規律の徹底やICTの有効活用によるわかりやすい授業によって、教えるべきことは教師主導で教え、確実に習得させ、活用して更に学んでいけることを目の当たりにしています。そして「出川小学校は、難しいことではなく、当たり前のことを当たり前のように日常的に取り組んでいる。しかも全体で…」という感想や認識をもっているはずです。これらは市内のどの学校、どの学級でも取り組みが可能ですが、学校全体での共通理解と粘り強さがなければ実現できないことでもあります。したがって、この取り組みを春日井市として当たり前の基盤とするため「かすがいスタンダード」という形で位置付けました。

ただ、市内の小中学校に出川小学校の全てをまねしてもらおうというものではありません。『学習規律の徹底とICTの有効活用』は、目的ではなく、あくまでも手段です。この基盤に立った上で、出川小学校の研究実践の成果の中から、わかりやすい授業のために実現可能で効果が見込める取り組みを、各校の実態や研究推進体制に応じた教育活動の実践に活かすことで、出川小学校の研究成果が更に次のステージにつながるものと期待しています。

> 「かすがいスタンダード」の普及について
> ・「かすがいスタンダード」は、出川小学校の研究成果を、市内の全ての小中学校に普及させるために春日井市教育委員会で定義づけしたもの
> ・春日井市内の全ての小中学校で実現可能な「学習規律の徹底」と「ICTの有効活用」を基盤とする

出川小学校の研修に関わって

春日井市立鷹来小学校　教務主任／後藤浩示

　子どもたちを取り巻く社会の急激な変化と、学校現場における諸問題が山積している中、「確かな学力の保障」のために、春日井市教務主任会では25年度から「すべての児童・生徒にとって『わかる』『できる』授業づくり」として、教師の授業力の向上を目指した研究に取り組みました。

　出川小学校は、平成23年度から「学習指導」研究として「みんなで思考・判断・表現し合える子の育成～確実な習得と伝え合う活動・学び合う活動を通して～」を研究主題として、授業改善を進めるために教師の力量向上をめざしています。その実践は、市内全ての教務主任が抱えている各校の課題解決の指針となりました。特に学習規律を徹底し、学習の基礎・基盤作りを土台にした「習得」と「活用」の授業場面におけるICTの効果的活用は、全ての学校で取り組んでいくための重要な要素であると捉えることができました。

　そして「導入→習得→活用→まとめ」の授業展開のスタイルを明確化した上で、「教師主導による端的な指導」「学んだことを定着させる学習活動やまとめ」は基本的な知識・技能の確実な習得になること、それを経た「学習スキル（話す・聞く・話し合う）の習得」「習得したことを活用して思考・判断・表現し合う活動」が「活用できる力の育成」になることとして理解が深まりました。

　さらに、出川小学校での教務主任研修会において、研究協議のあり方やKJ法・3＋1授業検討法など具体的な方法について学ぶことができました。それが、教務主任が各学校で具現化しやすい研修となったゆえんです。

　私が、出川小学校の研修に平成23年度から参加して4年目になります。子どもたちの学習の変遷と教師の授業力の向上を目の当たりにして、その大きな成果を感じました。市内全ての教務主任が出川小学校の研修に参加し、教育課程・教育活動の要となる教務主任がリーダーとして各校で広める形がとられたことも、成果の普及に役立ったと強く思います。

　堀田龍也先生がおっしゃった「凡事徹底」。その言葉に託されたことを教務主任としてしっかりと受け止め、春日井市全体のスタンダードとして、価値の創造ができる教務主任でありたいと思います。

2 「かすがいスタンダード」を普及・浸透させる取り組み

　学習指導の研究委嘱を受け、実践研究に取り組んできた出川小学校は、モデル校ともいえます。モデル校である出川小学校の研究成果を元に、「かすがいスタンダード」として市内の全小中学校に普及・浸透させるための仕組みを「『つながる研究推進』システム」として整理しました。

1 「『つながる研究推進』システム」とは

　モデル校である出川小学校を核としながら、教育委員会と学校がつながり、市の方針や重点が全小中学校に普及・浸透していく研究推進のシステムを「『つながる研究推進』システム」として位置づけています。

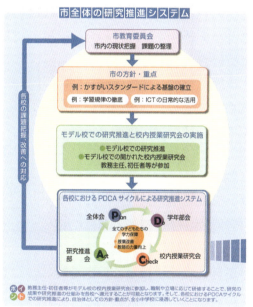

　各学校は、出川小学校の研究の進め方であるPDCAサイクルにより、単発的でなく持続していくような仕組みをもちます。全小中学校での普及・浸透を意図していますが、このシステムによる研究推進の目的はあくまでも「全ての子どもたちの学力保障」であり、確実な習得と、それを元にした活用が図られ、わかりやすい授業への授業改善と教師の力量向上をめざすもの

> **「『つながる研究推進』システム」リーフレットについて**
> 　堀田龍也先生の指導・助言のもと、パナソニック教育財団研究助成「ICT活用と学習規律の徹底をもとにした確実な習得と活用を図る学習指導の普及モデルの作成」（研究代表者：出川小学校 校長 水田博和）によって作成されたものです。リーフレットは市内小中学校の全ての教員と、出川小学校の校内授業研究会参加者などに配付しています。

第2章　春日井市教育委員会の考え方と取り組み　33

です。

　仕組みとして、春日井市教育委員会の方針・重点についてモデル校である出川小学校が継続して研究に取り組む中で、出川小学校で実施される校内授業研究会に、教務主任や初任者等が職制に応じた研修として参加し学び、その学びを各校で還元・普及するというものです。各校はそれぞれの実情に応じて PDCA サイクルでの研究を推進していくことで、市教委の方針・重点が、全小中学校に浸透していくことになります。このように、学校と教育委員会とのつながりによる、日々の授業改善につながる研究推進の仕組みとして位置づけています。

2　「『つながる研究推進』システム」による「かすがいスタンダード」の普及の実際

　このような研究推進の仕組みの中で、「かすがいスタンダード」の普及・浸透を次のように図っています。

ア　教務主任研修会として

　各校の研究や教育活動の推進役であり、学年や担任との連絡調整役としての実務者である教務主任は、「かすがいスタンダード」の普及・浸透の鍵を握る存在です。その教務主任をターゲットにした研修会を、平成 25 年度 4 回、平成 26 年度に 3 回設定しています。この研修会は、出川小学校の「公開による」校内授業研究会に参加する形で設定しています。

　右は、ある教務主任研修会の日程や内容です。

　53 校の教務主任が、出川小学校の授業を参観し、その後、教育委員会主導の研修や教務主任同士による協議を行います。

　教育委員会主導の研修内容としては、授業研究での研究協議の方法に関するものや、基本的な知識の習熟には欠かせない学校教材の活用方法に関するものなどです。

　さらに、出川小学校の校内授業研究会の全体会に参加し、自分たちで参観した授業や出川小学校の研究に関する堀田龍也先生からのお話を、直接 1 時間以上お聴きして学びます。

　研修会の当日は、このような日程・

平成２６年度第２回教務主任研修会について

1　期日　平成２６年１０月２２日（木）

2　会場・参加対象・研修の位置づけ
　○出川小学校　○市内教務主任（５３名）　※その他、オープンな参加可能
　○２５年度の教務主任研修を踏まえ、各校の２６年度の現職教育の改善や教育活動への還元の観点をもって参加する。

3　日程
　10時35分～11時20分　　　公開授業（第3時限）
　11時25分～12時10分　　　公開授業（第4時限）
　12時45分～　　　　　　　受付（体育館）
　13時15分～14時00分　　　研究授業（第5時限）
　　　　　　　　　　　　　教務主任は各自の視点により授業を参観
　14時10分～15時05分　　　研修・グループ研究協議：教務主任は音楽室予定
　15時10分～16時10分　　　全体会・指導・助言：多目的室
　　　　　　　　　　　　　講師：東北大学大学院　情報科学研究科　教授　堀田龍也　先生
　　　　　　　　　　　　　全体会後　指示・解散

4　研修内容・方法
　ア　事前に研修会に参加する視点を課題3として明確にしてメーリングリスト（ML）にて発信する。
　イ　研究授業を授業参観する。
　ウ　研究協議と全体会
　エ　研修会での学びをMLにて発信・共有する。
　※研究授業参観・研究協議について
　　○　事前に配布された指導案集により、授業について授業のポイントなどを十分把握した上で、各校の現職教育（校内研修）のすすめ方や授業改善等に反映させる各自の視点で授業を参観する。また、各校に持ち帰るべき場面をデジカメにおさめるとともに、MLでも共有する。
　　○　参観する授業については、後日MLで指示をする。
　　○　研究協議では、参観した授業と、模擬授業等、授業改善に関する研修について協議する。協議の班編制については、別にMLにて連絡をする。

5　課題3について
　各校の授業や現職教育の状況を踏まえた上で、授業を参観する視点と、授業改善に関する取り組みについてMLで発信・共有した上で研修会に参加する。

6　その他
　・派遣文書は別に送付。出川小学校への移動方法については、中学校ブロックでの乗り合わせによる。
　・研究授業の指導案等については、C4thもしくはメールへの添付にて配付。
　・各校の状況に応じて、午前中の公開授業や研究授業への参観について積極的に連絡・調整を図る。
　・デジカメと同じ班の課題3をプリントアウトして持参する。

内容ですが、この研修の前後にも次のような取り組みをしています。

研修前には、教務主任研修会に参加する前の課題に取り組みます。課題の内容は、毎回多少変化がありますが、基本は出川小学校の校内授業研究会で公開される授業を参観する観点、その後の協議会で話題にしたい観点を明らかにすることとしています。その観点の元となるものが二つあります。一つは自校の授業改善の状況です。自校の学習規律の徹底やICTの活用の状況をしっかり確認し、課題解決のための観点を明確にします。もう一つは出川小学校の公開授業の指導案です。出川小学校の授業者が校内授業研究会で公開し検討し合う授業の指導案は、いつも授業研究会の10日ほど前に仕上がります。それを事前に全ての教務主任に配付をすることで、授業のねらいや活動の意図を捉えて、その上で参観と協議の観点を明確にします。

タイトル「ノート指導と板書」
・4年生算数の授業、実物投影機で教師がノートに実際に書く様子をスクリーンで投影しながら児童に同じようにノートに書かせている。児童はノートへの書き方が分かりやすく速やかにまとめられる。
・板書には説明のための「話型」が張り紙として提示されている。「話型」があれば、初めのうちは誰もが参考になる。消さずに残しておきたいものは、張り紙で板書として提示することで、スクリーンとの使い分けを明確にしている。

このような課題は、全ての教務主任と指導主事による「オール教務」なるメーリングリストで53名の教務主任が事前に発信し、互いに共有し合います。当日の研修の研究協議は、4人組による班編制で実施されます。互いに同じ班の課題を事前に把握した上で参加するので、逐一説明し合う必要がなく、協議の本題にスムーズに入ることが可能です。また、研修後には、当日の授業や研究協議、全体会での堀田龍也先生からのご指導から学んだことをメーリングにて発信・共有します。さらに、研修会当日の授業で学校に持ち帰りたい場面をデジタルカメラで撮影し、「この場面から学ぶ」として、課題と同じタイミングでメーリングリストにて発信・共有をします。

このように発信・共有されたものについては、全ての学校で活用が可能で、「この場面から学ぶ」などを各校で配付したり、校務支援システムで閲覧可能にしたりすることで、更に各校の全教員で情報共有が可能となっています。

このような教務主任研修会は、平成24年以前は実施していませんでした。平成25年度から、同じような仕組み・形式で平成26年度まで7回実施しますが、繰り返されることが重要だと捉えています。各校の課題を明確にして、研修に参加し、学びを入力・出力して各校に還元することが継続されることで、「かすがいスタンダード」の普及・浸透は無理なく、しかし確実に行われていくものと期待しています。その状況は指導主事の学校訪問により、確認すること

が可能です。各校の進捗状況は様々ですが、特別なことでなく、日常的に行われていることを一歩一歩前に進めていくことで、更に「かすがいスタンダード」の定着に結びつくものと捉えています。

イ　初任者研修、拠点校指導員研修、少経験者研修、管理職研修として

教務主任という、研究や教育活動の要の立場だけでなく、初任者も出川小学校の「公開による」校内授業研究会で研修をしています。発問や指示、教材提示など、わかりやすい授業のためにはとても大切な指導技術を学ぶには、「よい見本」となる授業を参観することです。そして、その授業の背景にある基盤となる考え方を、堀田龍也先生が公開授業や研究授業の場面のスライドでわかりやすく示していただくことによる学びの効果は計り知れません。

初任者を直接指導する拠点校指導教員にも、出川小学校の公開授業を元にした研修を実施しています。また、初任者が学ぶべき指導技術を時期ごとに明確にした指導項目を共有しながら、初任者に対する「かすがいスタンダード」に則った指導の定着を図っています。

一方、本市の教職経験2年目から3年目の少経験者は、平成24年度の出川小学校研究発表会などの見本となる授業の参観経験があります。この少経験者約130名を対象にした、模擬授業による学習指導研修を出川小学校の教員の協力により実施しました。学習規律とICTの活用による場面を絞った10分程度の授業を行い、互いの指導のよさや改善点を協議し合うものです。

さらに、全校長、全教頭を対象に、模擬授業やワークショップ形式の「かすがいスタンダード」に関する研修も実施しました。管理職の理解とリーダーシップなしには「かすがいスタンダード」の普及・浸透は実現できません。

「かすがいスタンダード」を普及・浸透させるポイント

- 「『つながる研究推進』システム」として、「かすがいスタンダード」を普及・浸透させる仕組みに基づいた職制に応じた研修を実施
- メーリングなどによる学びの情報発信と、共有による普及・浸透を図る

出川小学校の研修に関わって

春日井市立神屋小学校　教務主任／加藤拓由

(1) 出川小学校の授業を見ての感想

　出川小学校の授業は、「普段着の授業」です。特別な日だけでなく、普段の生活の中で毎日着続けても飽きない授業。初任者も、ベテランも、皆が気兼ねなく自然に着続けられる授業。それが、出川小学校の授業ではないでしょうか。

　「普通の授業を、普通にやることの大切さ」。私たち教務主任の多くが、出川小学校の授業を見て、このことを学んだと言っています。手はまっすぐに挙げる、机の上は必要な物以外出さない、黒板の周辺をすっきりさせる。どの項目も、経験のある教師であれば「当たり前」のことなのですが、それを徹底させ持続させることがどれだけ難しく、大切なことなのか、我々は改めて学びました。

　もう一つ「そろえる」ことの大切さです。「そろえる」というと、一見、管理主義的な感じを受けますが、そうではありません。出川小学校の教室環境を見れば、すぐにわかります。どの教室を見ても、掲示の方法や黒板の使い方が同じで、「そろって」います。

　子どもの立場からすれば、どの学年、どのクラスに行っても、いつも同じ環境で勉強できるので、安心して学習することができます。また教師の立場からすれば、少経験者もベテランも、誰もが同じ教室環境が「そろって」いるので、同一歩調で指導ができます。

(2) 学んだことを自校でどのように活かしているか

　出川小学校の授業研究会の後に、全教務主任がメーリングリストで発信する「この場面から学ぶ」は、校内の共通理解を得るために、大いに活用されています。これは、教務主任が撮影した授業の見せ場や、教材教具の優れた活用法を、写真と簡潔な文章でまとめたものです。これらをすべて印刷し、自校の教員に回覧しています。

　これには、二つの効果が期待されます。まずは、写真で見ることで、出川小学校で実際どんな取り組みが行われているのかを全員で共有することができます。教室の掲示がシンプルなことや、実物投影機と板書の使い方など、詳しく説明しなくても一目瞭然です。

　もう一つが、「かすがいスタンダード」がめざす姿、教務主任が取り組もうとしている学習規律・ICT活用のポイントが明確に、ピンポイントで伝わることです。

　「この場面から学ぶ」の写真には、何名かの教務主任が、同じような視点で撮影したものが重なることがあります。それは、多くの教務主任が「これは大切だ！」と感じていることを意味します。他の教員も、それらの写真を複数回目にすることで、「かすがいスタンダード」に向けての授業改善のポイントが最大公約数的に見えてくるのです。

第3章

出川小学校・ICT活用
実践事例　38

実践事例 1　デジタル教科書

同じ流れで見通しをもった学習を

> **実践の概要**　4年　国語　新出漢字の学習
> 　国語の授業では、どの単元でも新出漢字を学習します。そして、学年が上がるごとに覚えなければならない漢字は増えていきます。漢字の読み書き、書き順の確実な定着を図るために、新しい単元に入る時には、デジタル教科書と漢字ドリルを効果的に使い、毎回同じ流れで学習します。

　わかる・できる授業づくりの様子

　デジタル教科書の漢字のページを使い、新出漢字を一文字ずつスクリーンに映します。読み方、熟語はドリルに書いてある順に音読して確認します。そして、意味や使い方も補足説明をします。次に、書き順は、教師が「1画目はどこ？」と指し棒を用いて映した文字の1画目を確認します。確認した後、子どもたちは利き腕をあげて人差し指で鉛筆をかたちどり、全員で空書きをします。その時にはテンポよく、「1、2、3…」と大きな声を出しながら全員で手を動かします（資料1）。その後、それぞれに書き順を確認しながらドリルに書き込み練習をします。毎回、同じ流れで取り組んでいたので、たくさん新出漢字がある時でも、短時間でテンポよく進めることができるようになりました。

＜資料1　空書きする子どもたち＞

　また、1年生国語ひらがなの練習でもデジタル教科書のひらがなを一文字ずつ提示し、止めるところや払うところ、はねるところに注目をさせました。その後、書き順は教師がなぞりながら「1の部屋から始めるよ」「点は3の部屋ね」などと確認をしてから皆で空書き、練習帳に書き込むという流れで練習をしました。練習をする時には、教

＜資料2　書き順の提示＞

師が指し示すだけでなく、書き順を色の濃さで提示してくれる動画の再生をしながら（資料2）、代表の子どもが指し棒でなぞると、その他の子どもたちもよく見ていて「正解！」「そこは払うんだよ」などと声をかけ合い、楽しく学習をすることができました。
　デジタル教材を用いることで、子どもたちの新出漢字に対する学習意欲は高まっていると思います。今後も、デジタル教科書を使用し、意欲的に漢字の学習に取り組める子どもを増やしていきたいです。

　ここをひと工夫

　漢字を覚えるときには、読み方や書き順、止め、はねなどたくさん注目すべき点があります。毎回同じ流れで読み方、書き順、書くときのポイントを確認することで、子どもたちが見通しをもって活動することができるようになります。あとは、声を出して元気よく！楽しい雰囲気で学習を進めることができます。

実践事例2　フラッシュ型教材　実物投影機

実物投影機で子どもが活動しやすい状況作り

実践の概要　3年　音楽　拍のながれにのろう

拍の流れを感じ取りながらいろいろな拍子の音楽を演奏したり、拍の流れにのって音楽を聴いたり、簡単な旋律を作ったりする学習に取り組みます。拍の流れや曲想を感じ取って、それにふさわしい歌い方や楽器の演奏の仕方を工夫するために、歌唱や演奏に集中できる状況作りが必要です。そのために、実物投影機で楽譜を大きく映し、声が出やすい状況作りを行っています。

わかる・できる授業づくりの様子

始業のチャイムと同時に、フラッシュ型教材を用いてテンポよく階名読みをしたり、既習のリコーダーの運指を確認しました。

フラッシュ型教材を導入に取り入れることで（資料1）、既習事項の問いにテンポよく反応させ、楽しい雰囲気で活動的に学習を始められるように、盛り上がりに意識して進めました。そのためには適切な「合いの手」や「褒め言葉」を随所に入れ込むことが効果的です。

＜資料1　フラッシュ型教材の利用＞

フラッシュ型教材を最後まで終えたところで、素早く実物投影機で「とどけよう　このゆめを」の楽譜をMAX拡大で提示し、前時の学習内容を振り返り（資料2）、前時に4分の4拍子について学習したことや、前半と後半の旋律を工夫して歌ったことを想起させます。

拍の流れにのり、互いの旋律を聴き合いながら歌うことに集中させるために、拡大投影した楽譜に注目させ、前を見て歌いやすい姿勢をとらせて歌唱させます。

＜資料2　楽譜の拡大表示＞

歌詞や旋律はスクリーンにMAX拡大されていますから、自信をもって、のびのびと歌い表現することができます。教科書（楽譜）を手に持ったり、机に置いたりするのと違い、視線を移動する必要がなく身体の動作も制約を受けないため、より曲想に合わせた歌唱や演奏に子どもたちは集中して取り組むことができました。

ここをひと工夫

実物投影機で、楽譜をMAX拡大して提示することで、歌詞や旋律に自信がない子どもたちにも、しっかりと歌詞や旋律を暗唱している子どもと同じように、歌いやすい姿勢・発声しやすい姿勢を自然にとらせることができます。手元の楽譜を見なくてもいい状況を実物投影機で作り出すことは、歌唱の場面に限らずリコーダー演奏などでも、拍の流れにのって、曲想にふさわしい表現をする上でとても効果的です。

始め / 半ば / 終わり

実践事例3　実物投影機

自分で撮ってきた写真をそのまま資料として拡大提示

実践の概要　4年　社会　わたしたちの県の自然や産業と人々のくらし

　4年生の社会科では、3年生の「わたしたちの住む市」から「わたしたちの住む県」へと学習する地域の範囲が広がります。愛知県では日間賀島、足助町、犬山市、常滑市の四つの市町について、その地域の自然や歴史を生かした産業とまちづくりを学習します。宿場町の面影を残す足助町や国宝犬山城を中心とした町並みが特徴の犬山市の観光産業、鎌倉時代から続く焼き物産業をまちづくりに生かしている常滑市などの様子がわかるように、子どもたちが見学に行く代わりに教師が実際にその場所へ行き、見せたい所や気付いてほしいことを考えながら写真に撮って、資料として提示することにしました。

わかる・できる授業づくりの様子

　常滑焼を生かしたまちづくりの取り組みを学習する授業。前時では常滑市の簡単な歴史と昔から焼き物がさかんな町であったことを学習し、本時はその伝統産業を生かしながらのまちづくりについて学習をしました。挨拶のあと、まず風鈴や猫の置物など新しい常滑焼の作品を見せ、今の常滑のまちづくりについて興味をもたせました。それから常滑焼を紹介する場にもなっている同市の「やきもの散歩道」があることを知らせ「常滑焼をどんなふうに生かしているのかな。今から皆で行って見付け

＜資料1　猫のモニュメント＞

てみよう」と誘い、写真資料から工夫を見付けようという子どもたちの意欲を高めます。最初は散歩道の途中にある大きな招き猫のモニュメントから入り、子どもたちを画面に引きつけます（資料1）。それから実際に歩いて行った道筋に沿って、陶磁器会館から出発して招き猫通り、昔ながらの常滑焼の土管を埋め込んだ塀がある土管坂や、地面の滑り止めなど特徴的な場所を映していきました（資料2）。子どもたちは「あっ、土管が塀になってる」「あんなところにも焼き物が埋めてあるよ」と、写真が進むにつれて少しずつ身を乗り出すようにして画面に見入っていました。その後、登り窯の跡、様々な焼き物の店などを順に巡り、最後は町並みの中に残る煙突を映し、散歩道を歩く疑似体験ができるようにしました。

　写真資料を見た後、副読本に戻って本時の記述箇所を読み、まちづくりの工夫が書かれた部分に線を引く一人調べをさせました。ただ副読本を読むだけでなく写真資料を見た後なので、「さっきの写真から見付けたことでもいい？」と子どもたちの作業意欲も高まっていました。

＜資料2　資料の提示＞

ここをひと工夫

実物投影機はデジタルカメラで写してきたSDカードをそのまま挿入してスクリーンに映し出せるので、パソコン操作が苦手でも編集作業をすることもなく手軽に活用できます。
ただし写真の順番を入れ替えることはできないので、見て歩いた時にいろいろ写真に撮っておき、後で見直して必要な写真だけを残すようにすると活用がスムーズにできます。

実践事例4　フラッシュ型教材　大型ディスプレイ

本時に活きるフラッシュ型教材での前時の復習

実践の概要　5年　算数　体積

　複合図形の体積を求めるために、直方体や立方体の体積の公式を使うことが前提となってきます。そこで、授業の導入で、春日井市のセンターサーバーに導入されているフラッシュ型教材を活用します。このフラッシュ型教材は、単元で繰り返し使うので、子どもたちはテンポよく答えられるようになります。フラッシュ型教材が終わった直後に本時に学習する複合図形を提示して、前時までとの学習の違いに気付かせました。

わかる・できる授業づくりの様子

　授業開始。挨拶が終わると同時にフラッシュ型教材を始めました。「体積を求める式と答えを言いましょう」という発問の後に、子どもたちは「1×3×2＝6」「2×5×1＝10」とテンポよく答えていきました。教師は「その通り」「ばっちり」と褒めながら進めました。

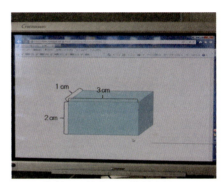

＜資料1　拡大して教材を提示＞

　フラッシュ型教材を最後まで終えたところで、素早く大型ディスプレイに教科書の本時の問題となる図を提示して（資料1）、「ではこれは？」。はっとする子どもたち。すぐ「前時までと何が違いますか」と問いかけ、前時までの学習と本時の学習の違いを捉えさせることにより、本時に学ぶことを明確にしました。違いを明らかにするだけで「わかった。4年生のときの面積みたいにすればいいんだ」というつぶやきが聞こえました。ここまで授業開始から3分。

　続けて、問題の「直方体の体積の公式を使って」という箇所に線を引かせました。「直方体の体積の公式は何ですか？」「たて×横×高さです」「それを使うということです」と本時のポイントをしっかり押さえました。

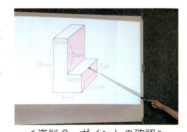

＜資料2　ポイントの確認＞

　「こんなふうに考えた人がいます」と教科書の図を拡大コピーしたものを黒板に貼りました。「何を描き加えましたか？」「縦の線です」「するとどんな形ができましたか？」「直方体です」「なぜ直方体をつくったのですか？」「公式を使うためです」。大切なことを押さえているので授業はテンポよく進んでいきました（資料2）。

　二つ目の考えを提示する前に子どもたちから「次は横に線を入れる！」との声。授業開始時に前時との違いを捉えさせ、本時に学ぶことを明確にすることにより、子どもたちは直方体を作って考えればいいという見通しをもつことができました。その結果、子どもたちが自信をもって授業に参加していくことができました。

　ここをひと工夫

　フラッシュ型教材は、確実な基礎・基本の復習や定着・習熟に焦点を絞って、短い時間で無理なく続けることが大切です。授業開始に前時の復習で使うのならば、スライドの最後に本時で取り組む問題を入れたり、スライドの直後に本時の問題を提示したりすると、前時までに学んだことと本時に学ぶことの違いが明確になりやすくなります。

実践事例5 　フラッシュ型教材　　実物投影機

始め　半ば　終わり

授業を楽しく始めるための
フラッシュ型教材での導入

実践の概要　特別支援学級　算数　あわせていくつ

「たしざん」の単元につながる「あわせていくつ」の授業です。始めは、二つの数を合わせて数える学習から入り、「あわせる」意味を理解させます。そのため、2回分のお手玉入れの結果を合わせて、沢山入ったのは誰かを比較する場面を設定しました。その後、お手玉から半具体物・数字へと抽象化していき、たしざんの式へとつなげていきます。そこで、前時のまとめで使った教材をこの時間から、授業の導入でフラッシュ型教材として活用することにしました。少しずつ難易度の高い問題になるよう配慮しました。

わかる・できる授業づくりの様子

授業開始の挨拶が終わると授業の流れを示します。「数字の歌」「フラッシュ」「きょうのめあて」「みんなで勉強」「自分の勉強」「あいさつ」と、いつものように提示しました。子どもたちは、次に行うことがわかっているので安心して授業に取り組むことができます。始めに動画を見ながら歌を歌います（資料1）。20まで数える歌『かぞえてみよう』や10までの数を指で示す歌『こんな指できるかな』を歌いました。

次に、フラッシュ型教材です（資料2）。始めはゆっくりと数えながら、次第にテンポを上げていきます。後半は、5といくつかを合わせるので、指で示してヒントを出すようにしました。教師は「その通り」「ばっちり」と褒めながら進めました。ここまで授業開始から10分。毎時間行っているので、子どもたちは、授業開始のこの時間をとても楽しみにしています。

フラッシュ型教材を終えたところで、今日のめあてを知らせます。前時までの学習と本時の学習の違いを捉えさせることにより、本時に学ぶことを明確にしました。

＜資料1　動画を見ながら歌う＞

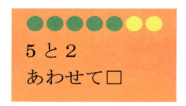

＜資料2　フラッシュ型教材＞

実物投影機を使って、お手玉入れをしました。的の箱を映しながらゲームをすると、入ったお手玉がスクリーンに映し出されて実況中継のようになるので、入るたびに拍手が起こり自然と課題に対する関心が高まりました。合わせる操作も自分の席で行い、次に実物投影機で映しながら行い、最後に友達の操作を見ることで確認させました。

ここをひと工夫

この学級の子どもは、長時間集中して取り組むことが苦手な子が多いので、45分を大きく三つに分けて学習します。始めの10分は歌とフラッシュ型教材、真ん中は皆で学習、最後に10分程個別の学習をします。新しい学習に取り組む時は、具体物を使って短時間で終わり、もっとやりたいという気持ちをもたせるようにします。習熟のためのフラッシュ型教材も2〜3週間かけて少しずつ数を増やし、難しくしていくようにしています。

実践事例6　フラッシュ型教材　実物投影機

実物投影機で書き方を示す

> **実践の概要**　特別支援学級　算数　お金
>
> 算数の単元「お金」の「見当をつけて、買い物をしよう」の授業。買い物ごっこの学習を通して、金額とぴったりの小銭がなくても、少し金額の高いお金を払い、お釣りをもらうことを目的としています。そのためには、財布の中にあるお金を把握し、買えるようにお金を出す練習が必要となります。実践に結びつくように、買い物ごっこでは本物のお金を使い、お金を大切に扱うことも学習の一つです。この授業の始めに、実物投影機で所持しているお金と買いたい品物を映して全体で共有し、買った物のメモの書き方を示しました。

わかる・できる授業づくりの様子

授業開始。挨拶をしてすぐにフラッシュ型教材を始めました（資料1）。「買えるようにお金を出しましょう」という発問に、子どもたちは「200円」「500円」などと答えていきました。教師は「200円出せば、お釣りがもらえるね」「500円玉しかなければ、500円出してお釣りをもらえばいいよね」とそれぞれの意見を認めながら進めました。

<資料1　フラッシュ型教材>

フラッシュ型教材を最後まで終えたところで、本時のめあて「買えるように見当をつけて、買い物をしよう」を提示しました。買い物ごっこのルールを伝えるために、品物と値段、払うお金を実物投影機で映し、T2と共にロールプレーをして買い物の仕方を示しました。具体物や値段が大きくはっきりと見えるので、子どもたちに買い物ごっこのルールが明確に伝わりました。

次に、買い物メモのプリントを配り、名前を書くところから実物投影機で映して示しました。買い物メモどこの欄に買った物、値段、出したお金、お釣りを書くか見せながら説明しました（資料2）。視覚的に次の指示を伝えることができるために次の行動を理解しやすくなり、子どもたちは落ち着いて活動に入れました。

<資料2　実物投影機で具体的に示す>

授業の中盤、買い物ごっこの間、説明の時に書き込んだプリントは映し続け、買い物ごっこの活動中、教師が説明して回らなくても画面を見て、何をしたらよいか思い出しながら自信をもって作業を進めることができました。

ここをひと工夫

初めての学習を提示する時には、実物投影機で一つ一つの指示をていねいに、実際に書いて具体的に見せることで、特別支援学級の子どもたちは落ち着いて学習に臨めます。初めにしっかり示し、2回、3回と学習を繰り返すと、類似の学習課題は指示がなくても進んで学習に取り組めるようになります。

| 始め | 半ば | 終わり |

実践事例 7　実物投影機

教師の演奏を拡大提示

> 実践の概要　1年　音楽　けんばんハーモニカをふこう
>
> 　1年生になって、初めての鍵盤ハーモニカでの演奏。子どもたちは、保育園や幼稚園などで経験済みなので、早く演奏をしたいと心待ちにしていました。
> 　本時は10時間完了のうちの6時間目にあたるので、まずは毎時間行っている既習曲を歌って雰囲気作りをし、それから「まねっこあそび」の習得・活用と進め、鍵盤の位置や指使いに慣れるようにしました。何度も練習をさせ、最後に教師役を子どもにも行わせて自信をもたせるようにしました。

　わかる・できる授業づくりの様子

　鍵盤ハーモニカを使用するようになると、学習セットの机の上が煩雑になるので、鍵盤ハーモニカはケースから出して、ケースを机と机の間に挟むようにして置かせました。そうすると、子どもたちの演奏する様子が教師からよく見えるようになります。

　導入では、本単元で学習した「ゆびあそびのうた」「どんぐりさんのおうち」「なかよし」を演奏させました。「ゆびあそびのうた」で指の体操をして、「どんぐりさんのおうち」ではドとソの位置を、「なかよし」では指の番号を確認させるためです。子どもたちは、楽しく演奏していました（資料1）。

＜資料1　子どもたちの演奏風景＞

　始めに、説明を聞いて「まねっこあそび」の仕方を理解させました。それから、例にある「みれど」を教師が歌い、その後子どもたちに同じように歌わせます。そして、実物投影機で教師の演奏を見せました。その時、教師は指先に指番号を書いたゴム手袋をはめて、よく見えるようにします。そして、教師が範唱してから演奏をさせました（資料2）。繰り返し練習すると、子どもたちも慣れてきます。

＜資料2　指番号の提示＞

　次に、全員で他の旋律を教師のまねをして演奏させます。それから、列ごとで違う旋律をまねしているうちに、子どもたちも自分で旋律を作ってみたいという意欲が湧いてくるので、隣同士で「まねっこあそび」をさせました。

　最後に、教師役を何人かの子どもたちにさせて、「まねっこあそび」をしました。どの子も、自分で考えた旋律を他の子が演奏するのを見てとても満足していたようです。

　ここをひと工夫

　実物投影機を使って教師の指の動きを見せましたが、指を丸くして演奏することをわからせるためには、斜めから映すとよりわかりやすくなります。また、親指の番号は第2関節の下辺りにあると見やすいです。最後に子どもたちが隣同士で「まねっこあそび」をしているときの机間指導で、教師役ができそうな子どもを見付けておくとスムーズです。

実践事例8 デジタル教科書

スクリーンに映すものと
黒板に残すものを意識して

実践の概要　2年　算数　三角形と四角形

「三角形と四角形」の単元「三角形と四角形の弁別と点をつないで作図」の授業。本時では、八つの図形を直線の数に着目し三角形、四角形、どちらでもない形に分類していきます。前半に示される様々な図形は、後半の作図の手がかりとなります。そこで、並べ替えの作業は紙で作った図形を用い、黒板へ分類して貼ることにしました。後半、実物投影機を使って、作図の仕方、作図した図形の説明を行いました。前半の図形を見ながらいろいろな三角形、四角形を描けるようにしました。

わかる・できる授業づくりの様子

　ICTの活用として、スクリーンに映す物と、板書する物を意識して使うようにしています。本時では、スクリーンに映す物を、フラッシュ型教材（図形の定義の虫食い問題）、教科書の問題の提示、図形の描き方、描いた図形の紹介としました。また、板書するものを、八つの図形の分類、図形の定義のセンテンスカードとしました。

＜資料1　図形カードの提示＞

　まず、教科書の問題をデジタル教科書のMAX拡大で一斉読み。直線の本数に気を付けて図形を分類することを知らせ、自分で考えてノートに書き出させました。そして、三角形、四角形は、どの形か発表させました。次に、デジタル教科書の映像に大きさを合わせて図形カードを貼りました（資料1）。それを子どもがスクリーンから黒板へ移し替えて整理していきました。その際、三角形といえる理由も答えさせます。繰り返し定義を使って説明させるうちに、ほとんどの子どもが何も見ないで定義を言えるようになりました。

　三角形と四角形を選び出した後、スクリーンには、直線で囲まれていない形が残りました。教師が「これも三角形ですね」と移し替えようとすると、子どもたちからの大反論。「はい‼」と一斉に手が上がります。「3本だけど、直線ではないから三角形ではないです」としっかり「直線の本数」を意識した答えが返ってきました（資料2）。

　授業の最後に板書をたどって1時間を見直し、ノートにわかったことを書かせました。「いろいろな形の三角形や四角形があることがわかりました」「三角形や四角形は直線で囲まれていなければいけないことがわかりました」と書いた子どもがいました。学習した内容が残った板書は、振り返りの手がかりにもなりました。

＜資料2　直線の本数の確認＞

ここをひと工夫

スクリーンに映したものは、時間と共に移り変わってしまいます。思考の手がかりとなるよう、残していくものは板書します。何を映すか、何を残すかを考えて示すようにしています。そして、最後に授業を振り返れる内容が黒板に残るように心がけています。

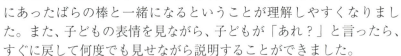

実践事例9 デジタル教科書

デジタル教科書の動画を用いた筆算の計算方法の習得

> **実践の概要** 2年 算数 たし算とひき算のひっ算（1）
>
> 「たし算とひき算のひっ算（1）」の単元では、「位をそろえて書くこと」や、「下の位から位ごとに計算すること」を確実に定着させることを目指しました。また、計算方法だけでなく、筆算の表す意味を計算棒でのイメージと対応して理解できるようにしました。この「（2位数）－（2位数）で繰り下がりのある筆算」の授業では、10の束をばらして繰り下げ、1の位の数字をひくというイメージを印象づけたいと考えました。そこで、例題の説明の部分で、デジタル教科書の動画を活用することにしました。また、動画を繰り返し見せながら何度も筆算の解き方を唱えさせることにより、筆算の計算方法を習得させました。

わかる・できる授業づくりの様子

教科書の例題53－26の筆算の仕方を習得させる場面で、まず、動画の計算棒の動きに注目させながら、筆算の表す意味を理解できるようにしました。黒板に掲示用の計算棒を貼る場合、10の束を一度外し、別の1のばらの棒を10本貼るという置き換えをしなくてはいけません。置き換えには時間がかかりますし、別のものと入れ替わってしまうため、イメージがしにくくなってしまいます。しかし、デジタル教科書の動画の場合、束にされていた棒の帯が外れてばらとなり、1の位にあったばらの棒と一緒になるということが理解しやすくなりました。また、子どもの表情を見ながら、子どもが「あれ？」と言ったら、すぐに戻して何度でも見せながら説明することができました。

＜資料1　筆算の仕方を全員で唱える＞

次に、その計算棒の動きが、筆算でどのように表せるかに注目させて見せ、書き方を説明しました。そして、筆算の計算方法を子どもに唱えさせながら、何度も繰り返し見せました（資料1）。筆算の計算方法が覚えられたら、子どもに筆算の計算方法を唱えさせながら、黒板に書いてみせます（資料2）。その後、自分で唱えながら、ノートに書かせます。

＜資料2　全員で唱えながら板書する＞

筆算の計算方法を唱えさせながら取り組ませたため、筆算の手順が明確になり、問題演習の場面では、子どもは自信をもって取り組むことができていました。

 ここをひと工夫

唱える練習や、10の束をばらにするイメージを視覚的に示す場合であれば、デジタル教科書の動画を見せることが効果的です。また、板書に残すために掲示用の計算棒を用いたり、子どもと一緒に計算棒を操作する場合には、実物投影機で映しながら子どもと同じ計算棒を操作して見せたりすることもします。目的にあわせて提示の仕方を選択すると、スムーズに授業が進められます。

実践事例 10　実物投影機

わかりやすいリコーダー運指の拡大表示

実践の概要　3年　音楽　リコーダーをふこう

　5・6月の単元「リコーダーをふこう」の授業。3年生になって初めて取り組むリコーダーの演奏を子どもたちはとても楽しみにしています。初めての取り組みだからこそ、基本的な演奏の仕方を身に付けさせなければなりません。そこで、正しい持ち方や指の当て方・運指について、教師が実演してそれを実物投影機で拡大して見せることにしました。教卓の前に立って見せるだけではわかりにくいものが、手元を拡大して映し出すので、後方席の子どもにも見えやすく理解しやすくなります。また、3年生だけでなく新しい運指を学習するときは、他学年でも拡大して見せています。

わかる・できる授業づくりの様子

　この単元では、まず子どもたちにリコーダーに興味をもたせ、慣れさせるところから始めます。子どもたちはリコーダー演奏をとても楽しみにしているので、勝手な吹き方ではなく基本的な演奏の仕方を身に付け、音色に気を付けて演奏することを押さえます。
　リコーダーの持ち方やかまえ方については、指導書についている"音楽授業支援DVD"の動画を見せ、教科書の写真で確認します。穴のふさぎ方についても同様に進めていきます。

＜資料1　運指を大きく映す＞

ここで、実物投影機で手元を拡大表示します（資料1）。MAX拡大で、どこの穴を何指でふさぐかを映し出します。「裏穴と表側の1番上と2番目の穴を、親指と人差し指と中指でふさぎます。」などと説明してもすぐ理解できない子どももいます。そういう子どもたちにとって拡大表示は効果的です。
　子どもたちは、映し出された画面と自分のリコーダーの穴のふさぎ方を見比べながら同じように練習します（資料2）。中には、右手と左手の位置を間違えている子もいるので、教師は机間指導をし

＜資料2　自分のリコーダーで確認＞

て一人一人チェックします。子どもたちがリコーダーの演奏に慣れてスムーズに運指ができるようになるまで繰り返し拡大表示で確認しています。

ここをひと工夫

リコーダーを拡大表示する時、教師はリコーダーの穴に"パンチ穴補強パッチ"を貼ります。そうすると一つ一つの穴の位置がはっきりして、実物投影機で拡大して提示した時、教室後方の子どもたちもスクリーンの映像が見えやすく、わかりやすくなります。

始め　半ば　終わり

実践事例 11　プロジェクター

子どもたちの予想を書き込んだ模造紙とスライド教材との比較

実践の概要　4年　社会　住みよいくらしをつくる　水はどこから

　小単元「水はどこから」の「わたしたちは、水をどのくらいつかっているのでしょうか」の授業。子どもたち一人一人が予想した「1日に一人が使う水の量（トイレ・風呂など）」を発言させ、模造紙に拡大した表を黒板に掲示し記入していきます。班ごとに表を8列作り、合計も計算できるようにしました。

　この表と、実際の水の使用量を示した資料とを黒板上で並べることで、その差をひと目で比較させたいと考え、実際の使用量の提示にはスライド教材を活用しました。

　クラス全員の予想を班ごとにまとめることにより、他者の予想と自分の予想を比較することもできます。

わかる・できる授業づくりの様子

　授業の導入で、前時に学習した教科書のポイントを実物投影機に映し、前時までの学習を想起させ、本時のめあてを示しました。

　前時に宿題とした「1日に一人が使う水の量の予想を班（4人編成1、2、3、4）で番号ごとに答えましょう」という発問に子どもたちは「55L」「82L」などとテンポよく答えていきました。教師は「大胆な予想だね」「それだけしか使ってないかな」と確認をしながら模造紙に数字を書きました（資料1）。

　一人一人の予想を書いた模造紙を黒板の右側に掲示し、黒板の左側に「春日井市民1日一人あたりの水の使用量」をスライドで次々に映していきました（資料2）。子どもたちは「エーうそ、そんなに使っているの」「自分の予想と合っていた」「自分の班で予想した合計が一番答えと近い」などと声を上げながら比較ができました。ここまで授業開始から15分。

　予想と答えを並べることにより、自分の予想と他者の予想を比較しながら、1日に一人が使う水の量を確認することができました。そしてスライドを活用することでテンポよく授業を進め、全員が発言をしながら授業に参加できました。

＜資料1　予想表＞

＜資料2　スライド教材で答え合わせ＞

ここをひと工夫

　スライドによる教材の提示は、何を見せるのか事前に教材準備をしっかりとしておくことが必要です。音や挿絵などを効果的に使用することで子どもたちの興味を引くことができます。あわせて実物の牛乳パックを準備し実際のボリュームを見せると、具体的な水の量がより明確になると思います。

実践事例 **12** プロジェクター

MAX拡大で細かい資料を見やすく提示

> **実践の概要** 6年 社会 明治の国づくりを進めた人々
>
> 「明治の国づくりを進めた人々」の「明治の新しい世の中」の授業。明治になって新しくなった世の中の様子について調べ、文明開化によって人々の生活や意識に変化が表れたことを読み取ります。子どもたちが興味をもって学習を進められるよう、教科書の絵や図を活用して調べるようにしました。教科書の絵から、江戸時代から明治時代になって、変わったところを探させました。スクリーンには「明治時代のまちの様子」を大きく映し、子どもたちの机上には、「江戸時代のまちの様子」の絵と「明治時代のまちの様子」の絵を並べて置かせ、比較しながら見付けられるようにしました。子どもたちが見付けた明治時代になって変化した点を、スクリーンで更に拡大表示することで、一人一人の気付きを全体で共有しました。

わかる・できる授業づくりの様子

授業開始。導入ではスクリーンに事前に用意しておいた「日本で最初にできた郵便ポスト」の写真を映し、「これは何でしょうか」と問い、子どもに自由に発言させました。そして、明治時代にできた日本で最初の郵便ポストであることを伝え、本時で江戸時代から明治時代になって変化した点について学習することを伝えました。

授業の序盤、スクリーンに絵の全体を映し（資料1）、「これは、明治時代のまちの様子です。江戸時代のまちにはなかったものがありますね」という声かけをしました。子どもたちはスクリーンに映った絵を集中して見ながらうなずいたり、「見付けた」と声に出したりしていました。その後、江戸のまちと明治のまちを比較させたかったため、左に座る子どもには「熈代勝覧」の絵を、右に座る子どもには「明治時代のまちの様子」の絵を開かせ、2つの絵を見比べながら変化した点を探し、ノートに箇条書きするよう指示しました。教科書では、スクリーンよりも細かい部分が見えるため、絵をもっとよく見ようと隣同士頭を寄せ合い、絵を指し示し合いながら探す様子が見られました。

＜資料1　全体を映す＞

＜資料2　MAX拡大した絵＞

続けて発表の場面。子どもが発表した絵の部分を教師はプロジェクターのリモコンを使って素早くMAX拡大で表示しました（資料2）。大きく映したことで、一人一人の子どもの気付きを他の子どもにも共有させることができ、友達が発表したところを見付けられなかった子どもが、スクリーンと教科書を見比べながら確認する様子も見られました。

ここをひと工夫

MAX拡大で教材の見せたいどころを大きく映し出すことによって、意味や内容を全体に確実に理解させたり、一つしかない物や個人の気付きを全体で共有したりすることができます。また、はっきり見えることで子どもの興味を高めることもできます。プロジェクター付属のリモコンを使うと簡単に資料の拡大、縮小ができます。

実践事例 13　実物投影機

数図ブロック操作の拡大投影によりたし算の増加場面を習得

実践の概要　1年　算数　たしざん（1）

「たしざん（1）」の単元、「ふえるといくつ」の授業。増えることの意味を理解するために、教科書の問題の話に合うように数図ブロックを置いて動かします。前時に学習した合併の操作とは違うこと、右側から左に寄せるように操作することを教師が実物投影機で映して見せます。数図ブロックの動かし方を拡大して見せることにより、全ての子どもが数図ブロックの動かし方を学びます。また、実物投影機で映して何人かの子どもに数図ブロックの操作をさせると、増加場面の理解につながります。例題でも同じように動かすことができます。

わかる・できる授業づくりの様子

教科書・ノートなどを机の上に出さないで授業を進めていきました。教科書の問題は、デジタル教科書を大型ディスプレイに映して、場面のお話作りから内容を理解させました。はじめに、子どもは、ワークシートの上でお話「島にかえるが4匹います。そこへ船で2匹来ました。増えると6匹になりました」に合うように数図ブロックを置きました。そして、教師は数図ブロックの合併の動きと、増加の動きを示し、お話に合う動きはどちらか考えさせると、ほとんどの子どもが増加の方だと答えました。しかし、クラスの2割程度の子どもは、合併の方だと答えたので、問題場面を確認しなおしました。その後、教師が数図ブロックの増加の動きを「4匹に2匹増えると6匹になりました」と唱えながら、実物投影機で見せました。子どもにも、ワークシート上でブロックを動かしながら唱えさせました（資料1）。

＜資料1　ワークシート上のブロック操作＞

実物投影機で映し、子どもに数図ブロックの操作をさせる場面では、ほとんどの子どもがやりたいと手を挙げました。実際に一人も間違えることなく数図ブロックの操作ができました（資料2）。増加するかえるの数を変えた例題でも、増加の場面を唱えながら実物投影機で映し、数人の子どもに操作させましたが、正しくできました。

＜資料2　実物投影機でのブロック操作＞

ここをひと工夫

数図ブロックを用いた活動を通して、増加の場面を習得させることがねらいなので、余分な物を机上に出させず、問題場面を把握しやすいワークシートを作成して行います。実物投影機で映す台の上にも、子どもと同じワークシートを用意し、子どもが数図ブロックを置いたときに見やすい大きさに拡大しておきます。子どもの手の動きも見やすく、数図ブロックの操作がわかりやすいと思います。

実践事例14 実物投影機
子どもがまとめたノートを実物投影機を使って発表

実践の概要 2年 国語 かん字のひろば

　6月の単元「かん字のひろば」です。挿絵から「たぬきの運動会」の様子を想像し、1年生で習った漢字を使って文を書く授業です。多くの子どもが1年生の漢字を書けるようになっていますが、作文やノートなどでの書字活動においては、既習の漢字を使わずにひらがなで書いたり、音が同じ漢字を使って間違って書いたりする子どもがいます。漢字を使って短文作りをし、まずは隣同士で発表してお互いに正しく漢字が書けているか確認します。最後に、子どものノートを実物投影機で拡大表示し発表させることで、全員が友達の作った文を耳だけでなく目でも確認させるようにしました。

わかる・できる授業づくりの様子

　前学年の配当漢字を書いたり、正しく使ったりするための教材として、それぞれの学年に位置付けされている漢字の広場。授業の始めには、1年生で習った漢字のフラッシュ型教材をしました。どの子どもも大きな声でしっかりと読むことができていることを褒め、本時では、漢字を書いたり、正しく使ったりする学習をすることを伝えました。

　漢字の読み方の確認をしてから、挿絵からたぬきの運動会の様子を想像して文を作らせました。リード文で指示されている「は」や「を」を正しく使うことにも意識をさせました。ノート指導として、子どもと同じマス目のノートを使って箇条書きの方法や、助詞の「は」「を」には赤鉛筆で囲むことを実物投影機を使って説明すると、どの子どもも書き方がわかり安心して取り組む姿が見られました（資料1）。

＜資料1　ノート指導＞

　作った文は、まず隣同士で発表し合います。自分のノートを机と机の真ん中に置き、どの文を読んでいるかわかるように指でなぞりながら相手に伝えます。聞き手は、漢字が正しく書けているか、「は」「を」がきちんと使ってあるかを確認します。また、自分と同じところや違うところ、よいところなど気付いたことを相手に伝えます（資料2）。

＜資料2　隣同士で発表＞

　授業のまとめとして、数名の子どもに実物投影機を使って発表させました。子どものノートの行幅に切り取ったマスキングシートを使用すること（資料3）で、どの文を発表しているのかがはっきりとわかり、漢字が正しく書けているか確認することができました。また、ある子どもの発表の時に、「は」や「を」の使い方が違うのでは、という意見も出て、隣同士だけでは気付けなかった間違いも確認することができました。

＜資料3　マスキングシート＞

ここをひと工夫

子どものノートを映す時には、どの部分を発表しているのかがわかるように、映したいところだけを映すようにマスキングシートを作っておくと便利です。1行用、2行用、3行用と用意しておけばどんな発表でも対応できます。学年によってノートのマス目が違ってくるので、それぞれ用意しておくと、わかりやすく発表することができます。

実践事例 15　実物投影機

実物投影機でものさしを MAX 拡大

実践の概要　2年　算数　ながさくらべ

「ながさくらべ」の単元「8匹の魚の長さ比較」の授業。本時は、「ながさくらべ」の活用の時間です。まず、魚の絵を見て、どの魚が一番長いか予想させます。その後に実際のものさしで測り、結果を確かめさせます。手だてとして、魚の絵の中にある直線の長さを測らせます。そして、長さを測った結果はプリントの□の中に書かせます。最後に、長さを測った結果と自分の予想とを比べさせ、自分の長さの量感について考えさせます。このような学習の中で、魚を実物投影機を用いて MAX 拡大で映すことにより、クラス全員で魚の長さの測り方を確認することができます。ものさしの左端を直線に合わせること、直線が何 cm であるかが、全員、一目瞭然でわかります。

わかる・できる授業づくりの様子

フラッシュ型教材でテンポよく授業が始まりました。単位の換算の練習をしました。子どもたちは、長さの学習にやる気満々です。その時、プリントを配付しました。「どの魚が一番長いかな？　長い順に魚を並べてみましょう」という発問に、子どもたちは「おもしろい」「㋗だ」「㋖だ」「測ってもいい？」とのってきました。なるほど、㋗と㋖の魚は、同じような長さに見えて迷います。この流れで8匹の魚の長さを予測させました。そ

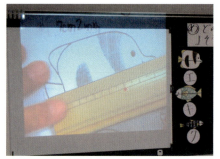
＜資料1　ポイントの確認＞

の後、各自が結果を知りたくてわくわくしながら魚の長さを測りプリントに記入しました。いよいよ、実物投影機を使って長さの発表です。発表する子どもが、「魚の直線と30cmものさしの端をそろえます」と言いながら、端を合わせることに苦戦していました。「もう、ちょっと、合わせて、もうちょっと」「そうそう」「いい。いい」などとみんなでポイントを確認することができました（資料1）。

左端がそろったところで子どもの説明が始まります。指示棒を使い「1、2、3・・・7cm、1、2mm、7cm2mmです」「ここが5cmだから、ここ

＜資料2　子どもの説明＞

から数えてもいいです」とスクリーンを見ながら、全員で問題を共有して考えることができました。実物投影機があることで本時の目標が確実に達成できました（資料2）。

ここをひと工夫

30cmものさしを使って直線を測るという経験はこの単元が初めてです。教科書の左ページにいっぱいの大小の魚の絵があります。このまま教科書を開けた状態で30cmものさしをあてることは、2年生の子どもたちにとって困難です。そこで、このページをそのまま印刷して子どもに配付しました。そのことにより、長さが測りやすく誤差も少なく、実物投影機で発表しやすくなりました。

実践事例 16　実物投影機

よりわかりやすい説明に役立つ子どものノートの拡大提示

実践の概要　2年　算数　どんな計算になるのかな

　2年生算数「かけ算」を活用した単元「どんな計算になるのかな」の授業。これまでかけ算の学習では、かけ算の意味、九九の構成、九九を使った問題に取り組んできました。本時では、そのかけ算を活用しながら、問題の場面に即してかけ算の演算を決定し、立式した根拠を説明して解決します。その際、立式した根拠をよりわかりやすく説明できるよう、実物投影機を使って子どものノートを拡大提示することにしました。子どもが説明するとき、ノートに書かれた図（絵）・言葉をスクリーンになるべく大きく映し出すことによって視覚的に捉えることができ、図（絵）・言葉と発表の声を結びつけて自分の考えをより説明しやすくなります。

わかる・できる授業づくりの様子

　授業が始まりました。本時のめあてを読んだ後、①の問題を把握するため、スクリーンに大きく映し出された問題文を全員が大きな声で音読し、大切な数字や語句に線を引いて、「6こ入りの」、「4はこ」、「ぜんぶで何こありますか」と確認し合いました。そして、式を書いて計算し、「6×4＝24　24こ」と発表。

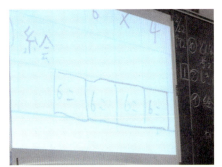

＜資料1　6×4になるわけの説明＞

　次に6×4の式になるわけを、かけ算の学習で勉強した「何このいくつ分」を思い出しながら、提示した箱の具体物も参考に簡単な図（絵）と言葉で自分なりに書いていきます。そして、ノートに書いた図（絵）・言葉を実物投影機で拡大提示し、皆に向かって発表しました。「6この4つ分だからです」などの発表だけでなく、同じ数のまとまりがいくつかあることを視覚的に捉えられる図（絵）・言葉と結びつけて、よりわかりやすく説明することができました（資料1）。その後、教科書を全員で読み、「6×4になるわけは、6この4つ分をもとめるからです」をしっかりと押さえました。

＜資料2　4×3になるわけの説明＞

　続いて、②の問題に進みました。やはり問題を把握するため、問題文を音読してから大切な言葉「4まい」、「みさきさんの3ばい」、「何まいとりましたか」に線を引き、3倍の意味も含めて確認。「4×3＝12　12まい」と計算した後、図（絵）と言葉でそのわけを書きました。①の問題においてわけの発表を聞くことと図（絵）・言葉で視覚的に捉えることの両方で説明を受けたので、子どもたちは戸惑うことなくノートに書き進めていきます。隣同士で自分の立式したわけを説明し合った後、クラス全体に発表。ノートを拡大提示し、「4まいの3ばいになるからです」など、皆の前で自信をもってわかりやすくわけを伝えることができました（資料2）。

　ここをひと工夫

　実物投影機は、子どものノート、教科書、実際の作業の様子など様々なものを提示するので、広い机の上に置くと便利です（60cm×60cmくらい）。映したいものをどこに置けばよいのかわかるように、台となる机や板に目印を付けておくとより使いやすくなります。

実践事例 17　実物投影機

実物投影機を用いた適用問題の書き方とノート指導

> **実践の概要**　3年　算数　□を使った式
>
> 「□を使った式」の単元「□を使った式のかけ算」の授業。前時でわからない数を□で表すことを習得し、加法・減法の場面で□を使った式を用いて問題を解きました。また、その中で、当てはめて考えるパターンと、図に描いて考えるパターンの二つを問題解決の手段として習得させました。習得した二つの考え方を用いて個人思考する場面で、実物投影機に教師のノートを映しました。子どもたちはスクリーンに映った教師のノートを見ながら、適用問題に臨むことができました。子どもたち全員に思考した足跡がわかるようなノート作りをしました。

　わかる・できる授業づくりの様子

　本時の学習内容をつかむ場面では、問題の内容をイメージさせるところからスタートしました。ここで前時の内容とのかかわりから、わからない部分を□と置くことを確認し、□を用いて立式させました。

　また、解法を習得させる場面では、前時で用いた「□に当てはめて考える方法」「図に描いて考える方法」の二つを子どもたちから答えさせました。加法・減法の場合との違いを意識させながら乗法の場合の書き方を習得させました。

　授業の中盤、本時の教科書の適用問題を解く場面に入りました。□で表された式の□に当てはまる数を求める問題です。子どもたちとのやり取りから、「□の6倍が48になっているから、□に当てはまる数を探す」ということを確認させ、式を書かせました。その後の見通しを子どもに問うと、「さっきの2通りの考え方で解けそう」や「図に描いて解きたい」などと発言する姿が見られました。

　そして適用問題の書き方を実物投影機でスクリーンに映し（資料1）、自力解決の時間に入りました。考え方をどのようにノートに書いていくか迷うことがないため、子どもたちは安心して習得した考え方を用いて問題を解くことができました。一方の考え方で解くことができた子どもは、もう一方の考え方もスクリーンを参考にしながら考えることができていました（資料2）。

<資料1　スクリーンに映した子どものノート>

<資料2　子どものノート>

　ここをひと工夫

黒板だけを頼りに、途中の式や解法の説明が書けるとは限りません。その適用問題に即したノートを作っておくと、子どもへの書き方などの説明が非常にテンポよく進むと思います。また、手が止まっている子どもをスクリーンの前に集め、ヒントを与える際にも非常に有効です。

実践事例 18 　実物投影機

映し出されたスイッチの設計図を元に考えを伝え合う

実践の概要　3年　理科　明かりをつけよう

3学期の単元です。単元を通して、回路のしくみや電気を通す物について学習します。単元で学習した内容の理解をより深めるため、まとめとして「自分だけのスイッチを作ろう」という活動を行いました。スイッチを作る前に、設計図を描きます。それぞれの設計図をよりよいものにするためには、友達から意見をもらい、その意見を元に推敲することが大切です。本時では、設計図を実物投影機で提示して説明させたのち、意見交換を行いました。実物投影機を活用することで、全員が同じ設計図を見ながら話し合いをすることができ、口頭での説明だけでは理解することが難しい子どもでも話し合いに参加することができました。

わかる・できる授業づくりの様子

まず、既習内容である「電気を通す物」の確認を行います。「はさみ」「くぎ」「アルミホイル」「クリップ」等、子どもの発言に合わせて絵を掲示します。次に、どのような状態になれば明かりがつくのかについて確認をします。「豆電球と乾電池が導線によって、一つの輪のようになれば明かりがつきます」と、子どもに何度も言わせて確認させます。このような確認を行い、既習内容を黒板に残しておくことで、設計図を描く際に全ての子どもが戸惑うことなく活動を始められると考えました。

＜資料1　発表者に質問をする子ども＞

描き方を例示したのち、ワークシートにスイッチの設計図を描かせます。絵を描くことが苦手な子どもは、黒板に掲示された絵を見ながら描いていました。また、理科の得意な子どもは、学習した物の他にどのような道具が使えそうか考えて描いていました。

設計図が完成したのち、ペア、全体の順で伝え合う時間をとりました。全体で発表する子どもは、実物投影機で設計図を映し「〜を使ってスイッチを作りました」「〜すると豆電球に電気がつきます」の形で説明します。それに対して、その他の子どもは「その道具でよいのか」「そのつなぎ方で

＜資料2　完成したスイッチ＞

よいのか」といった観点で聞き、質問や意見を出します（資料1）。話す型を示したことで、話すことが苦手な子どもも嬉しそうに設計図を指し示しながら説明していました。また、実物投影機で映しながら発表させたことで、全員が前を向き、同じ設計図を基に話し合いを進めることができました。

その後、友達からもらった意見をもとに修正を加え、自分だけのオリジナルスイッチを完成させました（資料2）。

ここをひと工夫

実物投影機にはカメラ機能が付いており、撮った写真をSDカードに保存しておくことができます。子どもの発表の際にサッと写真を撮っておきます。そして、別の子どもの発表の際に必要に応じて写真を再提示し「○○さんと、どこが似ている？」「○○くんと比べて、違うところは？」と発問をすることで、子どもの考えのよさを焦点化させることができます。

始め　半ば　終わり

実践事例 19　実物投影機　デジタル教科書

クリアシートを使って
班での考え方の話し合い・全体への発表

実践の概要　4年　算数　式と計算の順じょ

「式と計算の順じょ」の単元「式のよみ方」の授業です。ここでの「式のよみ方」では、碁石の数を求める三つの式を示し、これらの式は図をどのように見ているかをよみ取らせ、図を使って説明させることにより、見方や考え方を変えると式の表し方が違ってくることを学びます。

この授業では図を使うため、ICTを使うと大変有効です。個々の子どもの教科書には具体場面図が表してありますが、教師が問題を把握させるとき、クラスで共有するもの（ICT）があると大変有効です。式の表す意味を子どもがクラス全体に発表する時も（子どもがワークシートをプロジェクターに映して説明する→スクリーンを全員が見る）、とても効率がよい授業になります。

　わかる・できる授業づくりの様子

この授業でのICTを活用する場面は4か所です。一つ目はデジタル教科書を利用して、実際の碁石の写真（資料1）を映すこと。二つ目は同じくデジタル教科書の問いの三つの式の考え方の図を拡大したもの（資料2）を映すこと。三つ目はそれぞれの式と子どもが考えたアレイ図（資料3）を映すことです。そして最後にデジタル教科書を利用して、お菓子の具体場面図を映します。

まず初めに、（資料1）を映し、クラス全体で問題の把握を行い、求め方は一つでなく、いろいろあることを気付かせます。次に（資料2）を映し、どの式がどのアレイ図になるかを、考え方のヒントをある程度与えながら、子どもに問いかけます。教師の用意したワークシートの碁石に一人一人が丸を囲んで、どの式になるかを考えます。個人の考え方がまとまった後、4人の班で、その理由を班のメンバーに発表し話し合います。その後、話し合いの結果をクリアシートにワークシートを挟んだものを使って一つにまとめます。最後に、全体の場で班の代表が実物投影機を使って発表し（資料3）、一つの答えを求めるにも、いろいろな見方や考え方があることを習得します。

その後、実物投影機を使って習得したことを元に、自力解決をさせていきます。

＜資料1　式の具体場面図（デジタル教科書より）＞

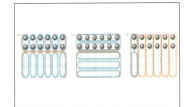

＜資料2　式の考え方図＞

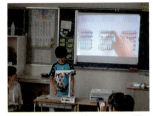

＜資料3　子どもが考えたアレイ図＞

　ここをひと工夫

班での話合いには、『話し合いグッズ』を使います。クリアシートにプリントを挟んだもので、上からホワイトボードマーカーで書き込むことができ、スポンジですぐ消すこともできるので班で話し合うのにとても便利です。また、班での話合いには、慣れないうちは『話し合いの進め方マニュアル』を個々が見ながら話合いをすると、話合いが進めやすくなります。

実践事例 20　実物投影機

ノートをスクリーンに映して計算の順序を拡大提示

実践の概要　4年　算数　式と計算の順じょ

（　）を用いた式や四則混合の式・計算のきまりを習得する授業です。計算の順番を間違えると答えも違ってくるので、最初に計算する部分、次に計算する部分、最後に計算する部分を線で結び番号を付けながら計算させ、計算のきまりを定着させていきます。直線を引く作業では、必ず子どもに定規を使って引かせます。このひと手間で格段に美しいノートができあがります。その後の練習問題も、同じように定規を使って解いていきます。答え合わせは子どものノートを実物投影機で映して、計算の順序を説明しながら行います。子どもたちは、上手く書けた自分のノートを皆に見せたいため、意欲的に発表する姿が見られました。

わかる・できる授業づくりの様子

計算の仕方やきまりを教科書で確認し、板書でもう一度確認した後、子どもたちがノートに計算の順序を書いていきます。ノートに書く際、子どもたちが使っているノートと同じノートを実物投影機に映し、教師も実際に書きながら、マスの使い方や計算していく番号の付け方、線の引き方を説明していきます（資料1）。板書だけでなく実物投影機を使ってノート指導をすることで、クラス全員が教師のノートと同じように書いていくことができます（資料2）。教師は毎時間の教材研究で完成型のノートも作っておきます。

＜資料1　実物投影機を使ってノート指導＞

ノートに線を引くときは、教師も子どもたち全員に見えるように実物投影機を使って描き方を繰り返し見せることによって、子どもたちは教師と同じように定規を使っていねいに線を引く習慣が定着しました。「直線は定規を使って引く」という当たり前のことを当たり前に全員がすることで、一人一人のノートが見やすくなり、本時の目標である、「正しい順番で計算する」という目標の達成にもつながっていきました。

＜資料2　子どものノート＞

算数のノートのマス目は、学年によって違います。学年初めは特にノート指導をきちんと行うため、実物投影機を使っての指導が大変有効です。

ここをひと工夫

実物投影機でノート指導をする際、教師が鉛筆で書いたものをスクリーンに映すと薄くて見えにくいので、教師は鉛筆ではなく、ペンを使います。濃く、ハッキリさせるために太めのペンを使うとより見やすくなります。実物投影機の近くに、ペンと定規を常備しておきます。また、事前にペンで書いておいたものの上に付箋をはり、その部分になったらはがすというノート指導も時間短縮になって便利です。

実践事例 21 　実物投影機

実物投影機でノートを映して意見の共有

> **実践の概要**　5年　算数　面積
>
> 11月の単元です。三角形や平行四辺形など既習の面積の求め方を活用して、台形の面積の求め方を考え、公式にまとめる授業。台形を知っている図形に置き換えて面積を求め、台形の面積の公式を導いていきます。その際、各自が考えた面積の求め方を発表する場面で、実物投影機を使用します。実物投影機で子どものノートを映し出すことにより、全体で意見の共有が図れるようになります。

　わかる・できる授業づくりの様子

　台形の面積の求め方を考えて説明する場面。「図形カードを並べたり線を引いたりして、台形の面積の求め方を考え、ノートにまとめましょう」という発問に、子どもたちは自分の考えを黙々とノートにまとめていきました。直角三角形、三角形、四角形、平行四辺形とこれまでも同じように面積の求め方を説明してきているので、短い時間で複数の求め方をノートに書けるようになった子どもたち（資料1）。ここで、机間指導をして取り上げたい意見をいくつか見付け、全体での意見交換の場面で取り上げて意見を共有するようにしています。

＜資料1　子どものノート＞

　そして、全員が自分なりの考えをノートに書いたところで、隣同士で意見交換。「隣同士で自分の考えを説明してみよう」という指示に、子どもたちはノートを真ん中に置いて、指し示しながら説明を始めます。隣同士で伝え合うときのルールが学校で決められているので、スムーズに伝え合いを始めることができます。

　その後の全体での伝え合い、意見交換では、隣同士で伝え合う活動を事前に行ったことで、子どもたちは自信をもって発表することができました。実物投影機で子どものノートを拡大提示し、発表する子どもには、スクリーンに映し出された自分のノートを指し示しながら説明をさせます（資料2）。

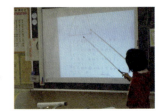
＜資料2　全体での意見の共有＞

また、他の子どもたちは、友達のノートがプロジェクターでスクリーンに映し出されると、自分の意見と比べながら聞いていきます。「なるほど」「そうか」などの声が上がり新しい考え方に驚く場面や「あれ、式がおかしいよ」「対角線という言葉を入れた方がわかりやすいよ」などの意見の交流がなされる場面も見られました。

　そして、共有し合った意見から、台形の面積を求める公式をまとめることができました。

　ここをひと工夫

実物投影機を使った発表の場面では、子どもが実物投影機を自分で操作して発表できるよう、ノートやプリントを置く位置を示してあります。また、聞いている子どもが、どこを発表しているのかわかるように、指示棒を使いながら発表させると効果的です。実物投影機でノートを撮影しておくと、子ども同士の意見の比較や振り返りの際にも使えます。

60

実践事例22 デジタル教科書 実物投影機

子どものノートを実物投影機で拡大提示して説明

実践の概要　5年　算数　面積

「面積」の単元の第9時「ひし形の面積」の求め方を考える授業です。これまでに学習してきた三角形や長方形の面積の公式を使って、ひし形の面積の求め方を考えます。

まず、デジタル教科書をスクリーンに拡大してクラス全員で問題を把握してから、自力解決させます。その後、図と式と言葉を使って順序よく面積の求め方をまとめさせます。自分の考えを学級全体に発表するときには、ノートを実物投影機で拡大提示しながら、わかりやすく説明させます。

わかる・できる授業づくりの様子

スクリーンにデジタル教科書の問題を大きく提示します。MAX拡大です。大きく提示した問題を教師と一緒に全員で声に出して読み、題意を把握させます。

次に、ひし形の性質である「対角線が直角に交わる」「4本の辺の長さが等しい」ことを拡大提示した図を使っておさえます（資料1）。また、既習の三角形や長方形の面積の求め方を想起させ、その中で使えそうなものはないかを考えさせます。その後、各自でひし形の面積の求め方を考え、ノートにまとめます。考えをまとめるときには、接続詞（まず・次に・そして・それから）も使い、順序よくまとめさせます。

隣同士で求め方を説明し合った後、学級全体に自分が考えた求め方を発表させます。この時、実物投影機で子どものノートを拡大提示します。指示棒を使いスクリーンに提示した図を指し示しながら、わかりやすく説明させます（資料2）。発表したノートは、実物投影機に保存し、振り返りの場面で再提示します。

その後、ひし形を二つの三角形に分割して面積を求める方法と、面積が2倍の長方形の面積をもとに求める方法の二通りがあることを学ばせるために、複数の子どものノートを拡大提示して確認させます。

＜資料1　図をスクリーンに提示＞

＜資料2　ノートを拡大提示＞

ここをひと工夫

教科書の問題をMAX拡大で提示することで、子どもたちをスクリーンに注目させることができます。また、子どものノートを実物投影機で拡大提示し、指示棒を使いスクリーンを指し示しながら説明させると、どの部分を説明しているかがはっきりし、わかりやすい発表になります。そのためにも、ノートはいつもていねいに濃く書かせることも大切です。薄いと見えにくくなります。

第3章　出川小学校・ICT活用 実践事例38　61

始め　半ば　終わり

実践事例 23　実物投影機

実物投影機で資料の細かい部分を提示

> **実践の概要**　5年　社会　国土の気候の特色と人々のくらし
>
> 　5年生の社会では、国土の気候条件からみた特色ある地域の人々のくらしについての学習を行います。その際に、各地方の伝統的な家のイラストや写真を、実物投影機を用いて提示します。本時で提示した沖縄の家は、瓦の形や間取り、構造や植木の位置など特徴が多いのですが、教科書に提示してある資料では、細かい部分まで提示確認することは困難です。そこで、見せたい部分をMAX拡大することにより細かい部分まで提示し、自分の家の造りと比較させながら家の構造の違いを見出させたいと考えました。

　わかる・できる授業づくりの様子

　授業が始まると、白地図を用いて日本の南側にある島々について何県なのかを調べさせ、最も南西部に位置する沖縄県について注目させます。沖縄県の伝統音楽や特産物を紹介し、私たちの生活と異なり、気温や降水量、台風の通過回数などの気候の違いに着目させていきます。

　すると子どもたちから、「こんなに台風が多いと家が壊されてしまうね」「こんなに暑い日が続くと作物が育つのかな」という疑問の声が多く出されました。ここで、具体的な降水量、平均気温の月別変化など、気候の特徴をよく表した資料を提示します。そして、どんな家ならこの気候の中で、安心した快適な暮らしができるのだろうと投げかけ、沖縄県の代表的な家のイラストを、実物投影機を用いて提示しました（資料1）。

＜資料1　沖縄県の家のイラスト＞

　家全体が確認できる大きさで提示しても、子どもたちは「一階建て」「大きい木が多い」と構造には気付けたものの、瓦や壁の造りには、なかなか着目できません。そこで、このイラストの屋根、壁、玄関と順にMAX拡大で提示することにしました。子どもたちは、「屋根に

＜資料2　本時のまとめを書く＞

変な顔がある」「瓦の形が自分の家の形と違う」「壁の色が全部白い」と沖縄県の家の特徴をたくさん見つけることができました（資料2）。また、「なぜ、沖縄県の家の瓦はこんな形をしているのだろうか」と問いかけると、「日光の光をさえぎるため」「台風の強い風が来ても飛ばされないようにするため変わった形になった」と気候の特徴を取り入れた考えが多く発表されました。

　更に、教師が特徴的な部分を提示するのではなく、子どもたちに資料の中から自分の家と比べさせ、気候に合わせた家の特徴を見付けださせたいと考えました。子どもの発言から、このねらいは達成できたと考えます。

　ここをひと工夫

　教科書や資料集の写真には、小さいサイズのため、せっかく特徴的な写真が載っていてもその特徴を子ども自身が見付けることが難しい資料があります。実物投影機は、見たい部分を簡単に、素早くスクリーンに投影することができ、授業の流れが途切れることもありません。社会の授業においては、とても有効です。

実践事例 24 　実物投影機

実物投影機でわかりやすく、皆が成功できる実験・観察

> **実践の概要**　5年　理科　ふりこのきまり
>
> 「ふりこのきまり」の単元「ふりこのきまりをみつけよう」の授業。ふりこの速さが変わる要因を見付けるため、長さや振れ幅、おもりの重さの三つの条件を操作します。正確な値を出すためには、条件操作や実験方法を理解し、何度も同じ実験を繰り返して行う必要があります。また、実験では誤差が出ますので、差との違いを理解しなければいけません。そこで、見せたいポイントを大きく映し、注目させることができる実物投影機を活用しました。見せたいポイントに集中させることで、短時間で実験方法の説明や結果のまとめを的確に捉えさせることができます。

わかる・できる授業づくりの様子

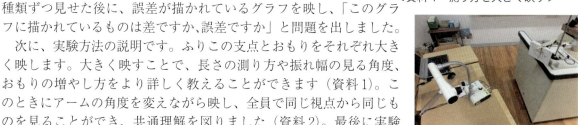

＜資料1　測り方を大きく映す＞

＜資料2　アームの角度を変えて映す＞

　まず、調べる三つの条件を確認しながら、実験結果を記入する表作りと記入方法の説明をしました。実物投影機を使ったので、子どもたちは自分たちのワークシートと見比べながら集中して間違えることなく記入することができました。また、差と誤差がわかるように例となるグラフも見せました。2種類ずつ見せた後に、誤差が描かれているグラフを映し、「このグラフに描かれているものは差ですか、誤差ですか」と問題を出しました。

　次に、実験方法の説明です。ふりこの支点とおもりをそれぞれ大きく映します。大きく映すことで、長さの測り方や振れ幅の見る角度、おもりの増やし方をより詳しく教えることができます（資料1）。このときにアームの角度を変えながら映し、全員で同じ視点から同じものを見ることができ、共通理解を図りました（資料2）。最後に実験装置を全体に見える位置に置き、全員で回数を数える練習をして説明終了。子どもたちは実験方法をしっかりと理解していて、どの班も実験を失敗することなく短時間で行うことができました。

　結果のまとめや考察の場面では、すでに差と誤差の違いを理解しているので、子どもたちはすぐにふりこの長さがふりこの速さが変わる要因だと気付くことができました。そして、自分の考えとその理由をそれぞれの実験結果のグラフを指し示しながら、説明することができました。

 ここをひと工夫

実験方法を説明する際に、映したものをSDカードに保存しておくことで、考察や発表の場面で使用することができます。同じ映像で一貫して授業を行うことができるので、子どもたちが戸惑わないように授業をすることができると思います。また、単元のまとめのときにも使うことができるので便利です。

実践事例 25　デジタル教科書　実物投影機

スクリーンに操作の仕方を大きく映し、唱えながら確実な習得を図る

> **実践の概要**　1年　算数　3つのかずのけいさん
>
> 　9月の教材です。三つの数の計算が初めて取り扱われる単元です。本時では、挿絵を元に三つの場面が連続したものであることを視覚的に押さえるとともに、その場面のお話を作るという言語活動と、さらに、数図ブロックという半具体物を操作しながら、お話をするという言語活動の両者を通して、「増えて、増える場面」を理解させ、一つの式に表すことのよさにつなげていきました。
> 　初めての概念なので、デジタル教科書の挿絵をスクリーンに MAX 拡大し、場面をしっかり把握させ、同時に大型テレビも活用して、数図ブロックの操作を示しました。

わかる・できる授業づくりの様子

　フラッシュ型教材をテンポよく終え、引き続き、スクリーンにデジタル教科書の挿絵を MAX 拡大で映しました。三つの数の計算は初めて取り扱う単元のため、挿絵を大きく映すことで、場面を視覚的に捉えられるようにしました（資料1）。

　次に数の増減に注意しながら、お話作りをしました。お話を作りながら三つの場面は連続しているものであるということと、「また」という言葉を強調して使うことによって、「増えて、増える」という場面であること、さらに何が問われているのかを確認しました。

＜資料1　発表の様子＞

　デジタル教科書は、三つの場面が紙芝居のように順番に現れるパターンと、3枚が横に並んでいるパターンがあるので、目的に合わせて選ぶことができ、特別な準備をする必要もなく便利です。
　次に、話に合うように半具体物であるブロックを操作していきます。このとき、教科書の挿絵は黒板のスクリーンに映し、数図ブロックの操作は実物投影機を利用して大型ディスプレイに映しました（資料2）。

＜資料2　数図ブロックの操作＞

　子どもと同じブロックを使って操作を示すので、子どもも理解しやすく、また「お話」をしながらブロックの操作を見せることができるので、端的な習得を図ることができました。この後、別の問題を子どもが数図ブロックを使って説明する際にも、同じものなので、戸惑いもなく安心して発表することができました。

ここをひと工夫

1年生の子どもにとって、少しの色の違いや形の違いが、理解の妨げになることがあります。その点、実物投影機で子どもと同じ数図ブロックを映して操作するということは、わかりやすく混乱も少なく、端的な習得にはぴったりです。また、子どもがクラス全体に説明したり、意見を発表したりする場面でも、子どもと同じ物なので、扱いやすくて便利です。

実践事例 26　デジタル教科書　実物投影機

始め　半ば（習得）　終わり

スクリーンに映したブロック操作

実践の概要　1年　算数　たしざん（2）

　1年生算数「たしざん（2）」の単元「繰り上がりのある計算」の導入部分の授業です。1学期のたし算の計算では、ブロック操作をしながら計算を習得してきました。ここでも10のまとまりを作りやすい数図ブロック盤を使い、ブロック操作の様子を拡大表示しながら言語活動を多く取り入れるようにしました。このことによって、次時の学習の計算の仕方を確実なものとしていきました。

わかる・できる授業づくりの様子

　授業の開始とともに、10の補数を思い出させるために「10のお友達をいいましょう」と投げかけテンポよく唱えさせました。忘れかけていた子どもたちも徐々に思い出し、大きな声が出てきました。教師も思い出したことを褒め、自信をもたせた上で今日の学習に入りました。10を意識させます。今日のめあて「ブロックをつかってけいさんをしよう」を提示し、数図ブロックを使えばよいという安心感をもたせて授業に入りました。

＜資料1　発表の様子＞

　デジタル教科書の挿絵を拡大表示し、いろいろなことを発表させながら興味をもたせ、問題文に導き、教科書の問題を黒板に表示しました。問題文から増加の場面であることがわかり、加数からブロックを持ってくればよいことに気が付きました。これが、これからの計算の基であることを認識させました。式を板書し、それを見て数図ブロック盤には被加数の数、加数はばらの数図ブロックを置くことによって、言語活動が明確にできるようにしました。

＜資料2　隣同士の伝え合い＞

　実際、数図ブロック盤の上に並べてみると補数がはっきりわかり、加数を分解し10にすることに気が付きました。実物投影機を使って数人の子どもに操作活動をさせました（資料1）。どの子も加数を分解して、発表していることに気付きました。習得を図るために言語活動が必要になってきます。デジタル教科書でブロックの操作活動を見せました。始めは全員で唱えさせ、次に隣同士机上のブロックを操作しながら伝え合いました（資料2）。不安な子のためにブロック操作を拡大画面に映しておき、操作を確実なものとしました。

　次時の学習につながるように、黒板に書いた練習問題を声に出しながら数図ブロック操作を行い、答えを求めさせました。さらなる習得を図るために隣同士数図ブロックを操作させながら言わせました。子どもたちは自信をもって言えるようになり、次の学習のステップとなりました。

　ここをひと工夫

　数図ブロック操作は、これからの計算の基となる確実な基礎の習得に必要になってきます。この段階では、これからの繰り上がりの計算のために答えだけを言わせるのではなく、被加数に加数を足し、10にしてからの計算の仕方を言わせながら取り組むことが必要だと思います。ここでは数多く言わせておくことによって、本時の学習が次時の計算方法を言葉でまとめていくことに、自信をもって取り組めると思います。

実践事例 27　フラッシュ型教材

読む・書く・話す、繰り返し唱える学習のまとめ

実践の概要　3年　理科　明かりをつけよう

11月の単元です。2学期は、「太陽の動き」、「太陽の光を調べよう」、「風やゴムで動かそう」、そして「明かりをつけよう」と学習が進みます。実験して検証していく単元が続き、調べて記録し、結果をまとめる学習の展開の定着を図ります。各単元では、方位や気温、距離などを実験に応じてノートに記録します。実験のまとめでは、特に理科用語やまとめの言葉の言い回しを何度も口ずさむことで、しっかりと習得させます。

わかる・できる授業づくりの様子

この単元でも、子どもは実験を楽しみにして、毎時間とても意欲的に取り組む姿が見られます（資料1）。しかし、乾電池や豆電球、導線など、新しい実験の器具の使い方やプラス・マイナス極、回路などの難しい用語も使われます。日頃あまり興味をもっていない子どもにはなかなか理解しにくいようです。そこで、読む・書く・話すといった活動を授業の中に十分に織り込んでいくことが大切だと考えます。

＜資料1　豆電球を使った実験＞

実験を終えたら、まず実験の結果をノートに書き、隣同士のペアで伝え合います（資料2）。次に、実験のまとめの文について、どんな言葉を使えばわかりやすいかを全員で考えます。教科書のまとめの言葉と同じ用語、言い回しにできるだけ近付けます。

「かん電池の＋きょく、豆電球の－きょくが、一つの輪のようにどう線でつながっているとき、電気が通って豆電球に明かりがつきます」

理科ノートに書き込んだら、皆で声をそろえて読みます。さらに、教科書を読んだり、まとめのフラッシュ型教材（次時に使用する本時の復習用の部分）を皆で唱えたりします。隣同士のペアできちんと伝

＜資料2　伝え合う子どもたち＞

えられるかをチェックし合います。何度も同じフレーズを読み、書き、唱えて用語や言い回しになじんでいきます。やがて、何も見ずに声に出せるようになってきます。繰り返して覚えることで、どの子どもも大きな声を出せるようになります。

次の日の授業では、導入時にフラッシュ型教材を用いて、実験の結果や使った器具名、まとめの文を思い出します。前日に大声で唱えているときほど、学級の全員が迷わずに声を出せます。

ここをひと工夫

2学期の実験は、どの子どもからも教師の意図する結果がそろいやすいものです。この時期にどう記録すればよいか、どんな言葉でまとめればよいかを習得させていきます。子どもの普段使いの言葉を大切にしながらも、誰にでも伝わる理科の用語を選ぶように意見をまとめていきます。

実践事例28　実物投影機

教科書の挿絵拡大と板書の対応

> **実践の概要**　6年　国語　ものの見方を広げよう『鳥獣戯画』を読む
>
> 「ものの見方を広げよう『鳥獣戯画』を読む」の単元で、「教材文の内容読み取り」の授業。筆者が挿絵のどの部分を評価しているのかを、事実と筆者の意見との関係をおさえて読み取っていきます。挿絵を実物投影機で拡大表示し、記号の書き方を示します。黒板にはそれに対応した記号を書き、子どもが読み取った内容を事実と筆者の意見に分けて示していきます。そうすることで、教材文に書かれていることが、挿絵のどの部分の評価なのかを対応させて見せることができます。

わかる・できる授業づくりの様子

教材文と挿絵を対応させながら事実と筆者の意見との関係を理解し読み取っていく、という本時のめあてを示した後、教材文を一斉に音読させました。絵のどこに注目しているか、どう評価しているかを見付けながら読めるように声がけをしました。自分のペースで読ませたいので、教科書を持って立ち、読み終えたら座るという形態をとりました。早く読み終えた子どもには、2回目を読ませます。全員座ったのを確認して、挿絵の説明をしている文章に線を引くこと、また挿絵の中の説明されている部分を丸で囲み、記号を書くことを指示。その際に、どんなふうに丸をつければよいかをスクリーンに映して、確認させました（資料1）。概ねできたことを確認し、隣同士で教科書を見せ合いながら、確かめるようにさせました。発表する場面では、スクリーンの挿絵を示す子どもと、説明している部分を読む子ども2名ペアで発表させました。次に、筆者が詳しく評価している文（部分）を見付け、波線を引くことを指示し、発表させて板書しました。

＜資料1　スクリーンを用いた確認＞

＜資料2　意見を書く子どもたち＞

黒板には、挿絵と事実、筆者の意見が並べて示されているので、挿絵の一つの部分と筆者が注目したところ（事実）と、筆者の意見を対応させながら確認することができました。最後に「君たちが考える番だ」という筆者からの投げかけを受けて、次の挿絵を見て自分の意見を書く際にも生かすことができました（資料2）。

ここをひと工夫

挿絵のこの部分に注目させたいというとき、スクリーンに直接書き込むこともできますが、他のものを映したいときには消さなければいけないので、教科書の挿絵に書き込みをしていきました。挿絵をコピーしてクリアシートに入れておくと、違う場面で使ったり、間違えたときに消したりすることもできます。

始め　半ば（習得）　終わり

実践事例 **29**　実物投影機

写真やイラストを拡大提示して考える手がかりを得る

> **実践の概要**　6年　社会　縄文のむらから古墳のくにへ
>
> 「縄文のむらから古墳のくにへ」の単元「巨大古墳と豪族」の授業。古墳の大きさや出土品から、くにづくりを進めた王や豪族たちの力の大きさについて考え、話し合うことをねらいとしています。
>
> 王や貴族の力の大きさについて考えるには、古墳とは何か、どのくらい大きいのか、どのようにしてつくられていたのかを習得する必要があります。その習得した知識から何のために古墳をつくらせたのかを考えることができます。そこで、資料の読み取りの場面において情報を共有し、知識を習得するためにデジタル教科書を使用しました。

　わかる・できる授業づくりの様子

「古墳だ！」出川小学校の近くには古墳がいくつかあるため、導入にその写真を映しました。子どもたちの反応はよく、身近なものに関心も高まりました。「古墳って何か知っていますか」と問うと、昔の人のお墓であることは知っていました。ここで、古墳が王や豪族の墓であることを確認しました。

大仙古墳の大きさを調べると、全長486mとわかりました。しかし、これではどのくらい大きいのか子どもたちはイメージできません。そこで、大仙古墳の写真をスクリーンに映し、そこに出川小学校の敷地の大きさに切った紙を貼りました（資料1）。「そんなに大きいんだ」と子どもは大仙古墳の大きさに驚いていました。これが一人のお墓であることにさらに驚きます。

次に、古墳を築いている様子のイラストから古墳がどのようにつくられているか、わかることや気付いたことを発表します。ここでは、イラストを拡大して映したり、スクリーンに書き込んだりして子どもの意見を共有します。全員が前を向いてスクリーンを見ながら確認ができるため、どこのことを説明しているかがわかりやすくなります（資料2）。

このような教材の拡大提示を行うことで、よりわかりやすく知識の習得ができます。また、その得た知識を使って、「何のために古墳がつくられたのか」という問いに対して、「〜というところから〜だと思う」といった考えにつなげることができます。

＜資料1　大きさの比較＞

＜資料2　子どもの意見の共有＞

　ここをひと工夫

- 実物投影機のリモコンを使ってすばやく拡大し、さらに子どもが実際に見たことのある場所の写真を映すことで、興味・関心を高めます。
- スクリーンを使うことで、マグネットを貼ることや、直接書き込むことが可能になり、資料を比べたり、子どもの意見を書き込んだりすることができます。

始め　半ば（習得）　終わり

実践事例 30　デジタル教科書

デジタル教科書を使い漢字の書き順を正しく学習

実践の概要　特別支援学級　国語　漢字の学習

　新しい漢字を学習する場面。デジタル教科書を使って、新しく覚える漢字の正しい書き順を学習します。書き順が1画ずつ赤色で出てくるので視覚的にもわかりやすく、進むスピードも変えられるので、自分に合ったスピードに変えてゆっくりと指でなぞることができます。覚えるまで何度でも繰り返すことができます。やり方さえ覚えてしまえば簡単な操作でできるので、自分でどんどん学習を進めることができます。書き順が完璧に覚えられたら席に戻り、ドリルに実際に書いてみます。忘れてしまったらまたデジタル教科書に戻り、覚えなおします。これを繰り返すことで正しい書き順が身に付いていきます。

わかる・できる授業づくりの様子

　導入はフラッシュ型教材で進め、子どものやる気を上げます。そのまま全体で学習を進めていきます。通常学級でやっているように一つの課題を全員で取り組みます。もちろん達成目標は個人のレベルに合ったものに設定します。全体での学習が終わったら、個別学習へ移ります。

＜資料1　書き順の学習＞

　国語では主に漢字の学習と読み取りの学習をしていきます。漢字はドリルで学習します。ドリルを見ただけでは、書き順を確認することが難しい子どももいます。そこで、デジタル教科書の出番です。デジタル教科書は子どもの興味をかきたて、積極的に学習に取り組ませることができます。まず目次から、新しく学習する漢字が出てくる単元を開きます。子どもが自分で単元を見つけることが難しければ、教師が操作をします。子どもは椅子を持ってプラズマテレビの前に来ます。次に椅子の上に乗り、新出漢字から自分が学習する漢字を探し出し、指でなぞりながら書き順の学習をします（資料1）。何度も何度も繰り返し、書き順を完璧に覚えたら、机に戻りドリルに書き込みます（資料2）。

＜資料2　漢字ドリル＞

合格の丸をもらったら、また新しい漢字を学習するために大型ディスプレイ（電子黒板）の前へ行きます。必ず一文字ずつ書き順を覚えてからドリルに書き込みます。1回の学習で2・3個のペースで漢字学習を進めていきます。漢字テストや日常生活の中で書く漢字の書き順が間違っているときは、このデジタル教科書を使って書き順の見直しをします。

　離席が多い子どもにとっては、漢字の書き順を学習している時間は立ち歩いてもよい時間になるので、その他の学習にも集中しやすくなります。

ここをひと工夫

　プロジェクターを用いてスクリーンに映したもので授業を進めようとすると、画面が背中に映ってしまい、なぞることができません。大型ディスプレイの画面で行うことをお勧めします。タブレットなど自分の机の上でできるものがあれば、なおよいと思います。

第3章　出川小学校・ICT活用 実践事例38

実践事例 31　フラッシュ型教材　デジタル教科書

拡大した図で説明

> **実践の概要**　3年　算数　2けたかけるかけ算の筆算
>
> 　この授業では、10倍した数がいくつになるかわかっていることが重要なポイントとなるので、フラッシュ型教材で、10倍した数の復習をし、「2けた×何十」がいくつになるか考える基をしっかり習得させました。デジタル教科書の拡大図を利用し、「2けた×1けた」の数を10倍すればよいことに気付かせ、図を用いて計算の順序を説明させました。そして、問題一つを自分で計算させ、計算の図を用いて隣の人に説明させました。説明することにより、なぜそのような計算になるのかを理解し、計算の方法も習得できると考えました。その後、練習問題をし、計算方法が確実に身に付くようにしていきました。

わかる・できる授業づくりの様子

　この授業では、「2けた×何十」の問題を行いました。問題を解くには、まず、10倍した数はいくつになるかを知っていなければなりません。そこで、フラッシュ型教材を使い、10倍した数がいくつになるかを確かめました。

　次に、23×30がいくつになるか順を追って考えさせました。デジタル教科書のみかんの図（資料1）を利用し、まず、23円のみかん3個の値段を出させました。次に、みかん30個の値段は、3個の値段は、その10倍であることを考えさせて、みかん30個の答えを出させました。子どもは、既習の23×3と10倍した数を使って、答えを導き出すことができました。子どもが結果を導き出せたのは、フラッシュ型教材を使って10倍した数を復習したことと、みかんの図が、3個の値段の10倍が30個の値段になることをわかりやすくしたからです。そして、みかんの図を利用して説明させることにより、計算の仕方を皆で確かめ、理解することになりました。子どもに説明させることは、発表した子どもは、学習の理解を深めるとともに自信になりました（資料2）。また、聞いている子どもも集中して聞くので、説明は学習の上で効果があります。

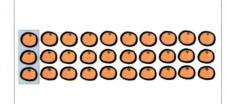
<資料1　デジタル教科書の図を拡大>

<資料2　子どもの発表>

　更に、58×30の計算を行いました。前の問題で、どうやれば計算できるかがわかったので、この問題では計算の順序をしっかり把握させるために行いました。計算の順序を示す図を用いて計算し、計算の仕方を隣の人に説明させました。隣の人に計算した順を説明させることや、聞かせることにより、計算の仕方がよりわかるようになりました。

　最後に、練習問題を8問解き、計算方法が確実に身に付くようにしていきました。

ここをひと工夫

　拡大した図などを用いて説明させる事は、学習したことを定着させるには有効だと思います。その際、今まで学習してきたことを利用して、考えを説明させます。最初からうまく説明できるわけではないので、クラスの実態や個人の能力に合わせて、説明の話型を利用するとよいと思います。

始め　半ば（活用）　終わり

実践事例 32　デジタル教科書

スマートに、外国語のゲーム説明

実践の概要　6年　外国語　Lesson3　I can swim.

　「Lesson3」の単元「I can swim.」では、積極的に友達に「できること」を尋ねたり、自分の「できること」や「できないこと」を答えたりする授業です。
　「できる」「できない」という表現に慣れ親しむことや、言語、人それぞれ違いがあることを知るということが、この単元の目標です。外国語の授業では、他教科に比べるとゲームをする場面が多くあります。外国語の授業で、子どもたちが習得したフレーズをいざ活用できるという時に、日本語でゲームの説明をしていては、何となく雰囲気を乱すと考え、デジタル教科書を利用することにしました。日本語でゲームの説明をするのではなく、できるだけ英語やジェスチャーのみで子どもたちに指示をしたいという時に、とても便利です。

わかる・できる授業づくりの様子

　授業の半ば、子どもたちは、前半でフレーズを繰り返し覚え、覚えたフレーズを活用しようとする場面です。Activity②では、「友達にインタビューして、サインをもらおう」という活用場面です。日本語ならば、口頭の説明だけで低学年でも、理解できるゲームの内容ですが、英語で説明するとなると、なかなか子どもたちには理解できません。そこで、デジタル教科書のActivity②の誌面をプロジェクターで投影し、実際にボランティアの子どもが前に出てきて実践してもらうだけで、ゲームの内容が一度で理解できます。

＜資料1　サインをもらう場面＞

　出会った時の「Hi！」「Hello.」、サインをもらうためのジャンケン「rock-scissors-paper123」、別れ際の挨拶「Thank you.」「Bye.」、習ったフレーズ「Can you ～ ?」「Yes, I can.」「No, I can't.」は、ボランティアの子どもや教師が演技をします。サインをもらう場面では、実際に子どもにペンを持たせ教科書の絵図を映したスクリーンに書かせます（資料1）。実演することで、誰がどのように書けばよいのか、一目瞭然というわけです。

＜資料2　ロールプレイングスキット＞

　このように、デジタル教科書を拡大して活用すると、余分な説明をする必要がなくなるので、子どもたちにとってわかりやすい授業ができます。また、教師が英語が苦手でも、日本語を使用せず外国語の授業を行うことが可能です。

ここをひと工夫

　デジタル教科書のよいところは、ただ教科書を拡大して映すだけではありません。外国語の場合、ネイティブの発音を、子どもたちの耳に届けてあげることがとても大事です。「Lesson3」Activity②の場面では、知りたいフレーズをクリックすれば、英語を発音してくれます。また、ロールプレイングスキット（資料2）もあるので、ゲーム前に参考にするのもよいかと思います。

始め　半ば　終わり

実践事例 33　フラッシュ型教材　デジタル教科書

同じフラッシュ型教材を使った導入とまとめ

実践の概要　2年　算数　かけ算（1）

　本時では、かけ算の意味と式の書き方について理解し、かけ算の答えは同じ大きさの数の累加で求められることに気付かせることをねらいとしています。そこで、この授業の導入でフラッシュ型教材を活用し、教科書の問題に出てくる「何のいくつ分」という言い方を思い出せるようにしました。そして、授業の終わりに、まとめとして同じフラッシュ型教材を用い、「何のいくつ分」をかけ算の式「何×何」で表しました。前時の学習を振り返るためのフラッシュ型教材と同じ問題を本時のまとめで行うことで、本時でできるようになったことを、実感できるようにしました。

わかる・できる授業づくりの様子

　挨拶が終わると同時にフラッシュ型教材を始めました（資料1）。「何のいくつ分かを答えましょう」という発問に、子どもたちは「3の四つ分」「4の二つ分」とテンポよく答えていきました。教師は「ばっちり」「その調子」と褒めながら進めました。

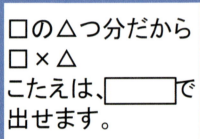

＜資料1　かけ算の文言＞

　デジタル教科書で本時の問題1を読み、問題場面を捉えて数図ブロックで表します。「4の三つ分」のことを式で「4×3」と書き、「4かける3」と読むこと、×の記号の書き方を習得します。続けて、かけ算の答えを求めるために、数図ブロックの操作に戻って考えさせ、累加で求められることに気付かせました。その際には、文言を使って「4の三つ分だから4×3。答えは4+4+4で出せます」と唱えさせました（資料1）。さらに、隣の人にも説明をさせ、数の累加で求められることを確認しました。

　まとめの場面では、本時で習得した学習内容を復習するため、導入でも使用したフラッシュ型教材を使用しました（資料2）。導入では「3の四つ分」と答えていましたが、まとめでは発問を変え、「かけ算の式で答えましょう」にし「3×4」と式で言わせ、かけ算の意味とかけ算の式について本時で習得したことを振り返りました。

＜資料2　何のいくつ分の問題＞

　導入で使ったフラッシュ型教材と同じ問題をまとめで行うことで、本時でできるようになったことを、実感できたという効果が表れたため、子どもたちは自信をもって答えることができました。

ここをひと工夫

前時の復習として導入でよく使われるフラッシュ型教材ですが、単元によっては本時のおさえや復習でも有効活用することができます。繰り返しやリズムをつけて覚えやすくすることで、定着を図ります。そのときには、答えが長くなりすぎたり、答えを出すのに時間がかかったりすると、リズムが乱れて逆効果になるので、早く簡潔に答えられるようなフラッシュ型教材の使用がお勧めです。

実践事例 34 実物投影機
実物投影機を使っての発表と学習の振り返り

> **実践の概要**　1年　算数　かたちづくり
>
> 11月の単元です。6月に「いろいろなかたち」で身の回りのものを形として捉えたり、立体の観察から「まる」「さんかく」「しかく」という平面の形を認識したりする学習を行います。本単元はその続きの学習として、色板や棒を使って形を作る学習です。「形を作ることができた」という達成感を、より多くの子どもが得られるように「ヒントカード」を用いました。また、わかりやすく大きく提示できるので、作品の発表や学習の振り返りには実物投影機を多用しました。「自分の作品を見せたい」「友達の作品を見たい」という子どもたちが多いので、意欲的に取り組むことができました。

わかる・できる授業づくりの様子

わかる・できる授業づくりをしていくにあたって、①机上に必要になる物だけを出す②使いやすいように配置できている、ということが大事です。本授業では個人の教科書・ノートは使用しなかったので机上に置きませんでした。使用した色板・おはじき板は、使う直前に配りました。ケースのふたを置く場所やおはじき板の使う面も、ていねいに指示しました（資料1）。

＜資料1　机上に置く物の指示＞

導入ではデジタル教科書を用いました。デジタル教科書は子どもの意識が同じところに集まるので、学習に集中しやすくなります。

教科書に示されているように色板を並べる場面では、枚数順に数えたり使われている形を提示したりしながら子どもたちの「できそうだ」という気持ちを高めていきました。実際にならべる時には、机間指導をしながら、困っている児童には「ヒントカード」（子どもが使用している色板と同じ大きさで形が印刷してある用紙）を渡してその上に色板を置くようにさせました。これによって全員が形を作ることができました。

＜資料2　子どもの発表＞

自分の作った作品の発表は、実物投影機を使って黒板に貼ったスクリーンに大きく映しました。発表者は他の子どもに対面するように立ち、作品を説明しました（資料2）。大きく映すことによって多くの子どもたちがわかりやすい説明を聞くことができます。

学習の最後に振り返りとして、黒板に貼っておいた色板の形をもう一度確認しました。発表した作品については、実物投影機のカメラ機能を使って撮っておいたので、こちらも確認をしました。

ここをひと工夫

実物投影機にはいろいろな機能があり、特に実物を大きく映す機能・映した物を写真に撮って記録しておくことができる機能は、授業で大いに利用できます。一人の子どものノートを映して全員に見せたいけれど、その子どもにまだ書き込みをさせたい時に、写真に撮っておけば、ノートを返却しても後でまたその内容をスクリーンに映すことができて便利です。

実践事例 35 実物投影機

始め／半ば／終わり

筆算の計算の習熟を深める
クリアシートを使って全体発表

実践の概要　4年　算数　小数

　4年生算数「小数」の単元「小数の減法の計算の仕方を考える」授業。小数の仕組みを基にし小数の減法の計算の仕方を考えさせ、筆算で計算させます。筆算をする時は、手順を声に出して唱えながら（唱和）行うことで、計算練習に見通しをもたせることができます。また練習問題を通して小数の加法・減法の筆算の習熟を図るため、子どもに問題作りをさせました。クリアシートを使用して、子ども自身が作った問題を隣同士で解き合い、答えを確認し合う活動を行いました。また間違えやすい空位のある問題や繰り上がり、繰り下がりのある問題作りをした子どもを意図的に指名し、クラス全体で考え方や答え方を深めるようにしました。

わかる・できる授業づくりの様子

　小数の加法の筆算のように、減法も同じく筆算をする時は、位をそろえること、小数点を意識することを唱和活動を通して習得させました。加法の筆算の計算の時から、教師の後について解く手順を繰り返し唱えさせたことで、自然と文言を覚え、一人でも見通しをもって計算練習に取り組む力がついてきました。
　活用の場面では、「今度は皆が問題作りに挑戦です」「どんな数字にしようかな…」一生懸命ノートに小数の加法・減法の問題を作りはじめました。時間は5分間。早い子どもは、3～4問作り上げました。
　予めマス目の入った用紙をクリアシートに入れておき、話し合いセットを隣同士に配ります（資料1）。
　解き合う場面では、まず、子どもAが作成した問題を横式で表します。次に子どもBは筆算の形にして唱和をしながら答えを出します。唱和をすることで筆算の手順がよくわかり、「位がちゃんとそろっているよ」「小数点打ち忘れていないね」と、子ども同士で答えを確認し合います（資料2）。
　また、間違えやすい問題を作成した子どもを意図的に指名し、その解法についてクラス全体で考えさせました（資料3）。筆算の部分を実物投影機でスクリーンに大きく表示して発表させたことで、繰り下がりの仕方の文言や手順を確認し合うことができました。皆が「できた」と自信をもって答えることができました。

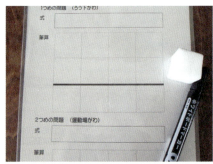
＜資料1　クリアシート＞

＜資料2　唱和し合う子ども＞

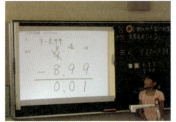
＜資料3　スクリーンに映した筆算＞

ここをひと工夫

　授業の中では、常にスクリーンが必要な時ばかりではありません。そのまま開いておくのではなく、使用しない場面では一端スクリーンを閉じて黒板を有効活用します。予めスクリーンの下に練習問題や発展問題などを書いておくと、早く問題を解き終えた子どもへの対応ができます。単に、黒板のスペースを最大限に使用できるだけでなく、子どもも「次に何をやるのか」を自ら考えるようになり、進んで学習する意欲も身に付いていきます。

始め　半ば　終わり

実践事例 36　実物投影機

実物投影機で子どものワークシートを大きく映してわかりやすく説明

> **実践の概要**　4年　理科　物の体積と力
>
> これまで実験を通して学んだ空気の性質について、文や図を使って説明することで理解を深めることをねらいとしています。前半部分で、空気でっぽうや水でっぽうなど身近な物の原理を説明して、空気と水の性質の違いを明らかにします。後半部分で、圧し縮められる空気の様子を文や図に表します。そして、クラス全体で発表し合い、互いの考えを共有し深めていきます。意見交流の方法として、言語だけでなく映像も取り入れた発表が、より効果があると考えました。そこで、説明のためのヒントを板書に残しながら、子どものワークシートを拡大してスクリーンに映し、意見交流しました。

わかる・できる授業づくりの様子

授業の前半では、これまで学習してきたことのまとめとして習得を中心に展開しました。空気と水の性質について表を使って声に出させたり、空気でっぽうや水でっぽうの原理を説明させたりして、確認しました。重要な言葉を空欄にして、思考のポイントになる部分を端的に押さえました。そして、後半の学習に活用するために子どもたちの目につきやすいよう図や表を使って板書に残しました（資料1）。

＜資料1　前半の板書＞

後半では、習得した知識を生かして圧し縮められた空気の様子を文や図にかいて自分なりにまとめさせました。はじめに、子どもと同じワークシートをスクリーンに MAX 拡大して描き方を指示しました。子どもたちがスクリーンを見ることに集中することで、指示が通りやすくなります。外から力を加えた時の注射器の中の空気の様子を文章で表現をする時は、板書を見ながら書いてよいと指示しました。図で表現する時は、空気の粒を○で描いたり空気になったつもりで顔の表情で表したりしてもよいとしました。

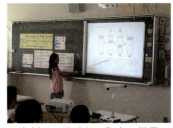

＜資料2　子どもの発表の様子＞

次に、ワークシートに説明を書かせ、班で伝え合わせました。その後全体発表に移り、子どもの理解が深まるように指名当てをしました。スクリーンに子どものワークシートを映し説明させたので、全員がスクリーンに注目し工夫の仕方を共有することができました。指示棒で指し示すので、発表者自身が、何を説明しているかがはっきりするだけでなく、聞く側も視点が定まり集中して聞けるのです（資料2）。スクリーンを使うことによって、友達との違いが明らかになり互いに認め合うことができました。空気は圧し縮められると体積は小さくなり圧し返す力が大きくなることを子どもたち一人一人がもう一度確認することができました。

最後に、発表の中から空気の粒の数について取り上げ、体積が小さくなっても空気の粒の数は変わらないことを補足し、授業を終えました。

ここをひと工夫

スクリーンに子どものノートやワークシートを映すので、日ごろから字をていねいに書かせることが大切です。また、子ども一人一人が説明できるように、考えるヒントを前半で板書に残しておくことも重要です。スクリーンは子どもの意見交流に、黒板は考えるヒントにと、板書計画をしっかり立てることがよい授業につながっていくものと考えます。

前半　後半

実践事例 37　TPC

個人の考えをTPCで気軽に表現させ、クラスで意見交流

実践の概要　5年　算数　算数

本時は、四角形の面積の求め方を既習の求積可能な図形を基にして考える過程が大切です。そこで、「分ける」方法を使って三角形の面積の公式を使って求められそうだという見通しを立てた後、どのように分けるとよいか、TPC（タブレットPC）を使って個人思考させました。その後、TPCの図を隣同士で見せ合いながら自分の考えを説明させました。また、TPCに描き込んだ子どもたちの考えをIWB（電子黒板）で共有し、全体で意見交流をさせました。意見交流で面積を求めるまでの過程を子どもたちに説明し合わせることにより、対角線で二つの三角形に分けて求める方法が一番楽だと気付かせました。

わかる・できる授業づくりの様子

本時の課題である四角形の図を提示。「これは何角形ですか？」「四角形です」と答える子どもたち。「四角形の面積を求める公式は習いましたか？」「いいえ」「そういうときはどうするのでしたか？」「『分ける』『半分にする』『変形する』を使います」「なぜそんなことをするのでしたか」「知っている公式を使うためです」。問うことにより、前時までに習ったことを思い出させました。「今日はどんな公式が使えそうですか？」「三角形です」。ここで本時のめあてを提示しました。

＜資料1　TPCを用いて四角形を分ける作業＞

「今日は『分ける』『半分にする』『変形する』のうちどれを使えそうですか」「『分ける』です」。TPCを机上に出させました。TPCの画面には授業前に配信しておいた四角形の図があります。パワーポイントにデジタル教科書の図を貼り付けた物です。いくつも考えをもつことができるように同じ図を5枚用意しました。「どのように分けたら三角形の公式を使って四角形の面積を求められますか。分ける線を描きましょう」。描き込む時間は2分間。子どもたちは全員、図に線を描くことができました（資料1）。いくつか描いた中から一つを選

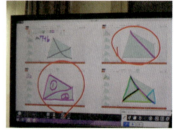
＜資料2　分けられた四角形＞

び画面に出させた後「隣同士でどんな分け方をしたのか説明し合いましょう」と指示しました。子どもたちはTPCを見せ合いながら説明し合いました。その後、TPCを机の中にしまわせました。TPCに描かれた全員の考えの中から四つの考えを意図的に選び、順にIWBに提示していきました（資料2）。「この人はどうやって分けたのでしょう」「この人はこの後どうするつもりでしょう」と子どもの描いた考えを他の子に説明させていきました。最後に四つの考えをIWBに映し、「どのやり方が一番簡単に面積を求められるでしょう」と聞くと、全員が対角線で二つの三角形に分ける考えを選びました。

ここをひと工夫

TPCを使うと、ノートよりも気軽に考えを表現することができます。子どもたちがいくつかの考えをもつことができるように、TPCには同じ図を複数用意しておくとよいです。個人思考の前に、前時までの復習をさせ、何を土台に考えるのかを押さえることがポイントです。また、友達が描いた図を基に友達の考えを説明させることにより、意見交流しやすくなります。

実践事例 38　TPC

TPCを使って、デジタル教科書の資料を自分のペースで読み取り

> **実践の概要**　5年　社会　自動車をつくる工業
>
> 　本時は多くの資料を読み取り、この単元で調べたいことを見付けさせることが大切です。「豊田市周辺にある自動車会社の工場とおもな関連工場」の資料は一つの資料の中に複数のデータが入っていて、じっくり読み取らせたい資料です。そこで、「豊田市周辺にある自動車会社の工場とおもな関連工場」の資料については、TPCを使って自分のペースでじっくり読み取らせました。教科書のすべての資料を、様々な手立てで読み取っていくことにより、単元で調べたいことを見付けさせました。

わかる・できる授業づくりの様子

　授業前半で、自動車は私たちの生活になくてはならないものだと気付かせました。また、教科書の二つのグラフを比較することにより、やはり自動車は私たちの生活になくてはならないものだと確認させました。

　その後、自動車が生産されている地域が日本のどのあたりか、自動車工場が一番多い都道府県はどこかなど、教科書の資料や地図帳を使って調べていきました。愛知県の中でも豊田市で自動車工業がさかんであることを伝えた後、TPCを机上に出させました。授業開始前にあらかじめ開かせておいた指導者用デジタル教科書の本時のページから「豊田市周辺にある自動車会社の工場とおもな関連工場」の資料をタップさせました。デジタル教科書のこの資料は、「自動車会社の工場・関連工場・高速道路・鉄道」のデータがタップするとそれぞれ表示されるように作られています。同じ資料をIWBで提示し、「次に、鉄道をタップしてみましょう」などと教師の指示に従わせ、子どもたちに一つ一つ操作させました。このとき、「鉄道や高速道路と関連工場」「自動車会社の工場と関連工場」の関係がわかるようなデータ表示になるような順で、意図的に操作してみせました（資料1）。その後、「資料から気付いたことをノートに書きましょう」と指示。何度も自分で操作してよいことを伝えました。子どもたちは、教師と一緒に操作したことを自分のペースで何度も繰り返して資料を読み取り、気付いたことをノートに書いていました（資料2）。調べる時間は3分間。隣同士でTPCの資料を使いながら気付いたことを伝え合わせました。その後、全体で気付いたことを発表し合いました。「鉄道沿いに関連工場が集まっている」「自動車工場より関連工場のほうが多い」など、資料をしっかり読み取った意見を伝え合うことができました。また、「鉄道沿いに関連工場が集まっているのはなぜか」「自動車工場より関連工場が多いのはなぜか」など、資料をしっかり読み取った上で、調べたいことを見付けることができました。

＜資料1　IWBを用いた資料の提示＞

＜資料2　気付いた事をノートに記入する子ども＞

ここをひと工夫

　資料に複数のデータが入り組んでいる場合、一つ一つ表示できる機能のあるデジタル教科書が読み取りに有効です。本時のように、TPCを使うと、子どもたちが自分のペースでじっくり資料を読み取ることができます。はじめに教師と一緒に操作させ、子どもたちにしっかり読み取ってほしいデータ表示のパターンを教師がやってみせることがポイントです。

第3章　出川小学校・ICT活用　実践事例38　77

児童の試行錯誤を助けるタブレット端末の活用

東北学院大学教養学部 准教授／稲垣　忠

　タブレット端末が学校現場に導入されるようになりました。これまでのプロジェクターや実物投影機といったICT機器は、主に教師が使用していました。子どもたちに一斉に同じものを見せる、必要なところを大きく提示できる、動画などの映像資料を見せられるなどのメリットがあったのです。出川小学校のICT環境は、この「大きく映す」をどの教室でも、いつでも使える環境を構築したことからスタートしています。

　それではタブレット端末には、どのようなメリットがあるのでしょうか。文科省が2014年に公表した「学びのイノベーション事業実証研究報告書」には、一斉授業、個別学習、協働学習の3つの学習形態にわたって合計10の学習者用端末を活用した場面が紹介されています。教師がどう使うかから、子どもの学習活動にどう組み込むか。同じICTといっても、想定される授業の様子は随分違います。ただし、同事業では全ての児童生徒が自分専用の情報端末を持っている「完全一人一台」環境を前提にしています。家庭への端末の持ち帰り、ドリル型のアプリケーションで学習履歴の活用といった実践は、全ての子どもたちがいつでも使えるからこそといえるでしょう。

　「ワンダースクール応援プロジェクト」校に選ばれた出川小学校には40台のタブレット端末が整備されています。つまり一学級分であり、完全一人一台ではありません。まずは学年を限定した活用から始められました。同じ学年であれば、教材やアイデアを共有できるメリットがあります。一学級分の環境は従来のパソコン室に似ています。「いつでも使えるICT」というより「ICTならではの活動が必要な時に使う」のです。そこで出川小学校の先生方が目をつけたのは、「試行錯誤の道具」としてのタブレットでした。

　例えば算数科では、変形四角形の面積を求める際、どこに補助線を引くか、子どもたちが考える場面です。どちらの対角線なのか、1本か、2本以上か。PowerPointのスライドに同じ図形を何枚も並べておくことで、次々に多様な考えを形にできます。紙のノートに手描きでも、図形をプリントにして配っても同じことはできます。けれども、いくつもの考えを、思いついたものから躊躇なく形にして、それらを見比べながら自分はどう考えるのか。思考を広げ、広げた中でもう一歩、見通しを考える。指やペンで直感的に操作できるタブレットが子どもたちの試行錯誤を助けていました。

　社会科の授業では、資料の見方を深めるために活用しました。自動車産業の学習では、工場や関連工場の場所と、電車や高速道路などの交通網が組み合わさった地図資料を使います。「地図を見て気付いたことを書く」場面では、地図上の多くの情報から規則性を見いだすことが求められます。デジタル教科書の地図資料では、工場だけ、工場と高速道路だけ、といった情報を選んで表示することができます。情報を絞り込むことで、規則性や関係性に気付きやすくなります。従来なら教師がデジタル教科書の資料を電子黒板に提示していました（もっと遡ればOHPでもシートを重ね合わせると同様の効果ができますね）。タブレットで子どもたちが自分で情報を選ぶことで、試行錯誤しながら考え、資料から読み取る活動が自らの行為になります。

　二つの実践はいずれも、デジタルの教材を子どもたちが自分で操作できるところに意味があります。同様の効果は、算数ならグラフや数直線を動かしてみたり、理科で太陽・月・地球の関係を動かしてみたりする場面でも期待できるでしょう。このようなシミュレーション型の教材は、紙の上や実体験では表現が難しいことを学ぶのに適しています。ただ、タブレット端末で容易に扱えるシミュレーション教材はまだまだ不足しています。シミュレーションの結果や思考過程を友だちと比較したり、皆で共有したりするツールも十分ではありません。

　一学級分の一人一台環境は、先生方も子どもたちもまだまだ試行錯誤の段階です。限られた環境で何ができるのか、何をするべきなのか。普通教室で「大きく映す」ICTの日常活用を実践してきた先生方と、そこで学んできた子どもたちがタブレットをどんな場面でどのように活用していくのでしょうか。今後の取り組みの広がりと深まりに期待しています。

第4章

堀田語録から学ぶ

堀田龍也先生からのご指導・ご助言

　出川小学校は平成23年度当初より、堀田龍也先生から指導・助言をいただき、今日に至っています。堀田先生からは、主に校内授業研究会と公開研究発表会において、とても大切なことを直接ご指導いただきました。どれもが大切なものばかりですが、出川小学校にとって転機につながったことを中心に絞ってお示しします。

「『学び合い』や『伝え合い』の前にすべきことがあります」

　平成23年6月22日、堀田先生が初めて出川小学校に来校された折の言葉です。若手中心の四つの授業を参観していただいた上で、出川小学校の状況を元にご助言いただきました。

　出川小学校では平成23年度当初、出川小学校の子どもたちの状況から、研究テーマを「『伝え合い学び合う児童の育成をめざして』～みんなでICTを活用しながら～」として、「まずはとにかくICT機器を使ってみましょう、そうすれば何かが見えてくるのでは。また、堀田先生から方向性を示していただけるのでは…」という非常に甘い考えで取り組んでいました。加えて、コミュニケーションや表現について今ひとつ積極的でない子どもたちに、学び合いや伝え合いをさせれば、徐々にそれらの力がつくのではないかと考えていたのです。

　堀田先生の意図は、
- 出川小学校の子どもたちのポテンシャルは十分ある。でもまだそのもてる力が発揮されていない。
- 出川小学校にはICT機器はある。授業でも使っている。しかし、ICT機器で何をするのか、何をしたいのかはっきりしていない。
- 学習規律をはじめ、授業や指導の仕方がそれぞれの教師に委ねられている。もっと全校で確認すべきではないか。
- 伝え合いや学び合いがテーマとなっているが、その前に知識や技能をしっかり習得できるようにすること、それを元に活用できるようにすることにまず力を注ぐべきではないか。

ということでした。今、振り返るとよく理解できます。

　具体的には、出川小学校でまずすべきことは　①学習規律　②学習スキル　③基礎・基本の徹底と繰り返し　④効率よい習得　⑤習得した事の活用　⑥言語活動の充実　として示していただきました。

　また、関連して、
- いきなり自力解決させるのではなく、まずはしっかり習得させた後に、それを基に活用させる。
- 教科書を疎かにしていないか。教科書は教科のスペシャリストが作ったもの。しっかりと理解して使うことが大切である。
- 子どもたちは知識や理解の習得ができているか。また、わかりやすい授業について見直すべきではないか。大人でも難しい内容をあえて子どもに話し合わせている。話し合っていればよいのか、

伝え合う力は身に付くのか。伝え合いをさせるのであれば、話し方や聞き方、話し合いの仕方をもっと鍛えるべきではないか。

などについても言及していただきました。まさに、出川小学校の出発点がここにあります。

「100％をめざすべきです」

平成 23 年 10 月 19 日、堀田先生が 2 回目に出川小学校に来校された折の言葉です。同年 6 月の堀田先生初訪問後、出川小学校でまず見直すべきは、学習規律と学習スキル、そしてわかりやすい授業のための ICT 活用についてと捉え、部会や学年で取り組んできました。夏季休業中には何度も部会で検討して、全校で取り組むべき学習規律について共有したり、ICT 活用のコツなどの研修を重ねたりしました。9 月からの新学期でも、授業の開始の挨拶や机上の整理をはじめ、挙手や発言の仕方、話し方の話形や聞き方に至るまで、教室の掲示物を全て入れ替えるくらいの意気込みで、全校・全学級で取り組みました。もともと素直な子どもたち、熱心な教員ばかりの出川小学校では、全校で一緒に取り組んだことが無理なく順調に浸透しはじめました。これで、堀田先生からはがんばったと褒めてもらえるのでは…という感じの中での言葉です。

校内授業研究会では、若手からベテランまで、午前五つ、午後一つの授業を堀田先生に観ていただき、全体会ではスライドで授業の様子を示しながらご指導いただきました。そのスライドの一つに、元気に挙手をする子どもたちの様子が映し出されました。多くの子どもが右手をピンと肘まで伸ばして挙手をしている様子です。その場面で堀田先生は「学習規律は 70％達成できています。でも左手を挙げている子もいる。100％をめざすべきです」とお話しされました。出川小学校が 6 月以降に見直し取り組んできたことを認めていただき、具体的で皆がまねできるように多くの示唆をいただいた中でのことです。「100％って…」。それなりに取り組んできたつもりの出川小学校の教員にとっては、少なからずの動揺がありました。様々な支援を必要とする子どもも在籍する地域の学校で、どのようにすれば 100％達成できるのか、その後いろいろな場でそのことが話題にあがりました。

全校・全学級で取り組むことの大変さは十二分に承知している上で、100％について言及された堀田先生の意図として、次のように受け止めました。

・目的は、全ての子どもの学力保障。そのための学習規律の徹底は基盤として必要なこと。

・今の学習指導要領の考え方として、履修すればよいということではない。学習内容が増加し、教科書が厚くなった今、授業の場面で個別の対応や細かい指示を逐一していては、授業に隙が生じる。その隙の積み重ねにより授業全体が崩れ、学級崩壊につながりかねない。また、1 時限の授業が最後までできないことになり、学習内容の定着が疎かになる。さらに、年間を通した学年の学習も保障できない。そうならないためには、学習規律は絶対に必要なことである。

・学習規律の徹底については、子どもたちのちゃんとできている様子を示し褒めながら、全校でのねばり強く地道な取り組みにより可能となる。そのためには 100％をめざすくらいでちょうどよいのではないか。

このような経緯を経て、出川小学校では学習規律の徹底を全校で当たり前のように行ってきました。その結果、年度が替わっても担任が代わっても、子どもたちには混乱や負担がなく非常にスムーズに

移行できています。また、授業場面はもちろんのこと、全校での毎月の朝会や運動会の練習、避難訓練や校外学習の場でも、話を黙ってよく聞き、何をすればよいのか指示がよく浸透し、判断できる子どもたちの様子が日常になっています。

「ICTが授業をよくするのではありません。ICTだけで教えるわけではありません」

出川小学校では日常的にICTを有効に活用しています。その活用について、堀田先生からは毎回多くの助言をいただきました。繰り返しお話しいただいている主旨は、次のようなことであると受け止めています。

- ICT活用は目的でなく手段である。目的は、わかる授業、力をつける指導、子どもたちが自信をもつような教育をすることである。
- ICTは、授業環境である。黒板と同じである。授業環境であるからこそ、いつも使えるように全教室に常設してあることが大切である。ただしICTがあるだけでは、よい授業にならない。ICTを活用することを前提とした授業技術を磨く必要がある。
- 授業環境であるICTをいかに使うかは、教師の授業力・指導力によるところ。それは、ICTの導入前でも、ICTを活用する今日でも同じで変わりがない。だから、ICT機器の機能やスペックについて話題にするのではなく、いかに子どもたちにとってわかりやすい授業とするのかに腐心すべきである。授業の基本は変わらない。
- 学習指導要領の下で、学習内容が増え教科書が厚くなった今、1時限の授業で子どもたちに学ばせるべき事を次の授業に先送りできない。そのためにICTを活用して、動機づけをしたり教材を大きく提示したりすることで、子どもたちが集中して学習できるように指導しなければいけない。
- 教師は授業で、何をICTで大きく映し、何を子どもたちに問い、発言させるのかを考えることが重要である。ICTで映せば授業がよくなるのではない。

出川小学校では、平成23年度よりICTを活用した学習指導の研究に取り組んできましたが、当初は機器の操作方法や、映したものが子どもたちから見やすいかどうかなどが話題の中心でした。それが、ICTの活用の意図やその活用により授業がわかりやすくなることに気付き、授業改善そのものに熱心に取り組むようになった頃より、ICTの活用の話題は少なくなりました。それは、わかりやすい授業のために日常的にICTを活用してきたことの表れと認識しています。前述のフレーズ以外にも、ICTの活用に関して堀田先生よりいただいた言葉をご紹介します。

「ICTも使います」

ICTを使わなかった頃の授業と指導方法が劇的に変化してしまうのではない。教科書もノートも黒板も従前と同じように使う。さらに、ICTがある。わかりやすい授業のためには、それも当たり前のように使うという意味。

「ICTの使い方に割り切りがある」

授業の中でICTをずっと使っているわけではない。1時限の授

業の中で、ICTを活用する場面は限られている。導入でフラッシュ型教材により習熟・確認させる、実物投影機で教材を拡大提示する、デジタル教科書の資料で教科書本文に書かれている事を確認する、子どもがノートに書いた自分の意見を実物投影機で映しながら説明するなど、明確な意図をもった割り切った使い方が肝要。何もかもICTではなく、ICTは手段であり、ICTを使うことが目的ではないことを端的に表した言葉。

「いつでも教室にICTがあること、授業環境に溶け込む」

子どもから見て「わかりやすい」、教師から見て「教えやすい」ということがICTのよさであり、それが教室の環境として当たり前のものであること、そしてICTの活用が毎日のように行われるからこそ、わかりやすい授業、学力の向上・保障につながるという意味。

「ゆっくりだからわかるということではない」

授業でフラッシュ型教材の進め方やスピードについて示された言葉。フラッシュ型教材はテンポが早めでスピードがあるからこそ、子どもたちがついて行こうと集中して効果が出る。他の学習活動もある部分同じで、ゆっくり時間をかければ効果があったり理解が促進されたりするわけではない。わかりやすくするためには、授業のテンポやリズムが大切であることが表されている。

「説明できる子どもとするために、言語活動の充実としてICTを活用する」

学習指導要領に示されているように、習得したことを基に、思考・判断・表現として活用させることが求められている。例えば算数の学習でも、答えを求めるだけでなく、解き方を説明するための単元も教科書に多く記載されている。説明するためには、説明する内容・中身が習得されていることが前提である。その習得したことを基に、次の問題を自分で解き、その自分の考えや意見が書かれたノートを実物投影機で拡大してスクリーンに映せば、子どもは無理なくクラス全体に対しても説明できる。ここに言語活動の充実を図るためのICT活用の意図があることを表した言葉。

「ICTの活用は、いつもと同じ流れで行うからわかるようになる」

ICTに限らず、いつもと同じ進め方の授業で子どもたちは安心して学習に取り組める。どう授業が進んでいくのか、いつもと違うと見通しがもてずに混乱する場合もある。授業をパターン化することは安定感につながる。文字や絵が瞬時に映し出されたり、動いたりするICTであれば、なおさらそれが大切になってくる。フラッシュ型教材のテンポの速さ・答え方、問題に関する挿絵や問題文の映し方・線の引き方、スクリーンの位置や映す場面など、
いつも同じようであれば子どもたちに見通しができ、わかりやすさに直結するという意味。

「教師の視線が大事」

ICTの活用では、教師はついつい映し出されたスクリーンを見たり、操作する手元を見たりしてしまうことがある。教師は映し出されたものに対して、子どもたちがどのような様子であるのか、子どもたちを把握することが大事であり、ICT活用の場面こそ、視線の先は子どもであるということを表した言葉。視線を子どもに向けるには、教師の慣れが必要だが、その前に機器の操作がシンプルで簡単でなければならない。また、ICTの配置や機器周辺の小物、動線には、全てそれを使う教師の意図や流儀にまでつながっていることを表している。

「何をこそICTで、何をこそ板書で」

　ICTを活用するようになっても、黒板も当たり前のように活用する。逆にICTのよさと黒板のよさ、それぞれの役割と活用について、しっかり整理しておくことが大切であるということが示された言葉。ICTでは大きく拡大して映せるが、映した内容がどんどん消えていってしまう。黒板には貼り物や板書で必要なことをしっかり残す。授業が終わったら黒板を見れば授業の内容が端的にわかるようになっている必要がある。更に、教室環境によっては、黒板の一部がスクリーンで占められる場合もある。ICTを活用するようになれば、更に板書の技能を磨いていく必要があることが示されている。

「かぎは、教師の出所。教師は足場かけをして、できそうな感じで手放す」

　出川小学校の学習指導の仕方として、教師主導の端的な習得とそれを活用する授業について、形の上では取り組むことができるようになってきた平成24年9月、10月頃の言葉です。1時限の授業の前半をいかにコンパクトにして習得させ、習得した事を活用させるかは、教師の子どもたちへの関わり方、出方が肝要であることを伝えられた折の言葉です。子どもたちの様子からでき具合を把握して、どのようなことができているから子どもたちに

委ねるのか、どのようなことができていないから教師が確認し、場合によっては押さえ込みをすべきかを「教師の出所」として表現され、次のようにわかりやすく示していただきました。

　『習得したことを活用させる学習活動においては、教師の出所がとても重要で、いきなり「じゃあ活用しなさい、はいどうぞ」と言っても無理なので、いくらかできそうな感じを作ってから手放すことが大切です。そのときの教師の出所については、まだ若干課題があります。例えば「今の（習得した）ことわかったね、次の問題は今のことを使えばわかるよね」と子どもたちに向けて伝えているが、子どもたちは次の問題ができない。その習得したことをどう使うか、少なくとも1回目のときは入り口までは教師が足場かけをしなければならない。例えば、

　　一つ目は「これはどこからやるんだっけ？」
　　二つ目は「最初どこに注目するの？　で、次どうなりそう？　あ、そうなりそうなの？」
　　三つ目は「ああ、いけそうだね」

というくらいで、「じゃあ、あとはできそうだね」として手放す。そこまで足場かけをしてあげないと活用は無理で、8問あれば、いきなり「8問全問はいどうぞ」では子どもたちには大変です。1問目は全員で一緒にやり、2問目は「一人でできるかな」とやって全員で確認し、3問目はもう一度同じようにやり、4問目は一人でやらせて自信をもたせ、「あとの4問だけど一人でできる？」くらいの感じがよいです。この、できそうな感じにするというのは結構奥が深く、このことに取り組むと子どもたちはやる気になり、確実に理解でき、できないままの子どもが少なくなると思います』

　これ以降出川小学校では、この「教師の出所、できそうな感じで手放す」ことに焦点を当て、意図して取り組むようになりました。現在も際立っているフレーズです。

「野球でいうなら素振り、練習量の確保が必要。そして自動化へ」

　出川小学校で、授業の流れや学習の仕方が定着しはじめた平成24年10月頃の言葉です。きめ細かくていねいな指示や学習規律の下で、集中して学ぶ子どもの姿が表出するようになってきましたが、教師が一つ一つ細部にわたってまで指示をしている状況から脱却できていないことへの助言です。

具体的には、次のような例を元にお話しいただきました。

- 「じゃあ話し合うから、隣の子とノートを真ん中に置いて、指して廊下側から話すんだよ…」ということは、1年間の後半に入る10月なら、もう言わなくてもよいのではないか。指導を始めた頃であればていねいに言うが、「じゃあ話し合うよ」と言えば話し合うようでないと、話し合う力がついたとはいえない。
- 学習技能の習得（学習スキルの習得）というのは、最初にやり方を示し、何度もやらせているうちに「どうぞ」と言えば子どもが自動的に活動できるという状態の時に、身に付いているということになる。「話し合います。どうぞ」と教師が言えば、勝手に話し合う状態になっていなければならない。そうなっていない状態だということは、まだ練習量が足りないということ。教師は心配なのでそのようなことを言ってしまう。気持ちはわかるが、いつまでも言われないとできないという状態から、できるだけ子どもに任せていきたい。それが自動化につながる。
- 習得した事を定着させる学習活動は、算数でいえば問題量、練習量の確保が必要。野球でいうなら素振り。体育の運動量の確保が大切であるのと同じ。どんなに理論がわかっていても、跳び箱を3回しか跳ばなかったという授業ではだめである。理屈がわかると同時に、それが繰り返し練習されて身に付くということを大切にするので、何回も何問もやらせなければいけない。1問目の時よりも2問目の時の方が、先生の説明が少なくてもでき、3問目になるともっと説明が少なくてもでき、4問目になるともう自分たちの言葉でそれが語れるようになり、5問目の時は「もうできちゃったの？」と、そこで初めて無条件に褒めるとよい。

ていねいであること、きめ細かいことは大切だが、子どもたちが自ら学ぶようにしていくためには、学習方法や学習スキルが定着するまでしっかり練習をするとともに、その後タイミングよく子どもたちに委ねていく。堀田先生は指導の仕方についてこのように示され、その後出川小学校ではこれらについて尽力するようになりました。

「結論　出川イズムとは、どの教室でも当たり前のことを愚直に取り組んでいることである」

平成24年11月21日。出川小学校の研究成果を広く紹介する研究発表会（公開研）で、「毎日の授業で確実な習得と活用をはかる学習指導」という演題で堀田先生よりご講演いただいた時の冒頭の言葉です。スライドと同時に、次のような言葉でご説明いただきました。

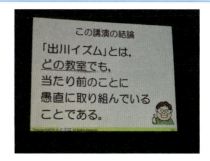

『結論から言うと、「出川イズム」と書きましたが、この学校の特徴というのは、当たり前のことを愚直にやっているということです。研究発表ですから、かっこいい授業をしようと思えば、凄く何か月も教材研究をして何か映像を作ったり、プレゼンテーションを作ったりして、先生が子どもを驚かすような授業をやることもできます。しかし、本校は附属学校でもなければ、別に凄い授業者が集まった学校でもありません。普通の学校です。そういう学校で子どもたちも普通で、そういうところで当たり前のことに「愚直」に取り組み、それをずっと続けています。それをどの教室でもやっている。どの教室に行ってもICTを使っている。別に凄い使い方をしているのではなく、映しているだけです。しかし、どの教室も、どの教師も使っている、そういうことがすごく大事です』

第4章　堀田語録から学ぶ　85

平成23年度当初から取り組んできた出川小学校の実践研究成果を発表する機会のご講演の冒頭でこのように価値付けていただいたことは、出川小学校の関係者にとっては本当にありがたく、皆、感激しました。評価していただいた、特別ではないことを地道に、しかし大事にしながら取り組んできたことを、子どもの姿や授業の様子、そして堀田先生のお話で参会者に伝えられ共有できました。この共有された内容は継承され、更に一部は進化して、現在の出川小学校の日常に確実に反映されています。研究発表会の講演では、この言葉以外にも多くの言葉を示されました。その一部をご紹介します。

「基礎・基本の1丁目1番地」

　子どもたちのノートについて、教師が板書した通りに書き表すことができているのは、基礎・基本の1丁目1番地であるという旨を伝えられました。更にそれを乗り越えて、自分の考えを相手に伝わりやすいように書くところまで到達している学級もいくつかある。子どもたちは実物投影機の下に持っていって発表するという活動をいつもしているので、書く時には自分のメモではなくて相手に伝わりやすくするもの、つまり、日々の子どもの思考活動が、既に説明するという表現を伴っている。これはしっかり担任が鍛えている証拠だと示されました。教師主導で習得させ、それを元に活用をすることを大事にしてきた出川小学校の、当たり前の基盤であることを示された言葉です。

「どのクラスでも教科書に線を引く、教科書をこそ使います」

　どの教室でも当たり前のように教科書を使う。例えば算数では、いつも同じように数字やわかっていること、求めようとしているところに下線や波線を引いていることを元に、教科書を大事にして使う意義について示された時の言葉です。教科書は多くの専門家の下で作られ、文科省が検定して、さらに400億円もの税金を使って無償で子どもたちに配付されている。その意味と、教科書の内容を確実に習得・活用させるためには、教師が教科書をよく分析して使うべきであることを示されました。

「子どもたちがコツコツと努力する姿はとても美しい」

　子どもたちが授業でひたむきに問題に取り組む姿をスライドに映し、話された言葉。コツコツと努力する姿はとても美しい、子どもたちが納得して、「あ、わかった」「それ、できるよ」ということが繰り返されて初めてそのような姿が表出される。まじめに、愚直に学んでいく大切さを、小学生の頃から価値付けさせていくべきではないかということを、出川小学校の子どもの様子で示されました。

「映しただけではわからない」

　教師が算数のデジタル教科書を映しながら、子どもたちとのやりとりから問題の内容を整理することの重要性は、デジタル教科書であってもそうでなくても同じであることを伝えられた折の言葉です。絵を見せればすぐわかるのではなく、「車は何台停まっているか、そこに何台来たのか、空きがあるから停められそうだけど、余ったらどうするのかな…」などの対話により、子どもの

気付きや問題の状況を整理していくことが必要で、教師が何を問い、子どもに何を言わせるのかという授業でのコミュニケーションは、ICT を活用するのかしないのかで変わるのではない。提示の仕方が豊かになるが、授業の本質は何も変わらないことを示されました。

「これまでの授業システムとの融合　授業の本質は変わらない　古くて新しい課題」

　実物投影機では教科書が一番映されているが、ノートやワークシートなど子どもが書いたものも映されていることから、実物投影機はなくならない。フューチャースクールをはじめタブレット PC が全員に配付されている学校があるが、学習規律がしっかりしていないと逆に学習や授業の邪魔をする物になってしまう可能性がある。デジタル教科書やタブレット PC が導入されても、他の教材と共存していく。タブレット PC だけで学ぶということでなく、従来の授業システムと融合・共存していく。実物投影機でも映すが板書もするのと同じ。これらのことから、今後様々な ICT が導入されても何かが急に 100％変わるわけではないので、これまでの指導を大事にして対応できるようにしておくのはとても大切な考え方であると示されました。授業の本質は変わらないので、授業の基本を磨くという古くて新しい課題を校内で研修するのはとても大事であると、締めくくられました。

　ここまでに示した以外にも、共有したいフレーズを紹介します。

「終わりの 3 分 30 秒」

　本時に学んだことを、授業の終わりの 3 分 30 秒でまとめることの意義を表された言葉（「2 出川小学校の学習指導の考え方」P20 参照）。

「凡事徹底がセオリー」

　平成 25 年 5 月、出川小学校の校内授業研究会に、100 名を超える管内小学校の初任者と 53 名の市内教務主任が参加した折に、全体会で示されました。当たり前のことを愚直にやり続ける。強いスポーツチームは基本練習やランニングを大事にしている。よい授業も、研究授業の発問だけではだめである。普段の板書、発問にどれだけ気をつかってきたかが大切である。派手なことでなく、毎日の授業を改善することをテーマにした出川小学校の研究の構えについて示していただいた言葉です。

「決まっていることで安心する」

　特別支援学級では、子どもたちに見通しをもてるように学習の流れがいつも示されている。ICT での教材のわかりやすさも含め、いつも同じように学習の仕方や流れが決まっていることで、どの子どもも安心して学ぶことができる。それが全ての子どもの学力保障につながることを示された言葉。

「日々をよくする、毎日の食卓をよくする」

　平成 26 年 10 月の校内研で授業を参観されながら話された言葉。子どもたちの学力保障のためには、特別な日の特別な料理のような授業は必要なく、毎日毎日の授業をよりよくしていくことに腐心すべきであることを示された言葉。

「学校全体で舗装してあるので、つまずかない」

　出川小学校でも今後、人事で教員の入れ替わりがあるが、子どもたちの指導については全校で日常的に行われているので、子どもたちの学習に対する姿勢や授業が大きく崩れることはない。全校で取り組むことは、学校のよき伝統を作ること。学校全体で取り組む意義を表された言葉です。

出川小学校の中から外から

春日井市少年自然の家　所長補佐／原科　勝

　私が出川小学校に勤務していたのは、平成 25 年度の 1 年間だけです。春日井市内の小学校から転任してきて、1 年後には市教委（春日井市少年自然の家）に出向になったため、この本に原稿を寄せられている他の先生方よりも春日井市内の他校の先生方のほうに立ち位置としては近いと思われます。そういう者の言葉としてお読みください。

　出川小学校では 24 年 11 月に 2 年間の研究成果の発表会を行いました。この研究発表会には私も参加しましたが、それ以前には「出川小学校は ICT 機器の活用について研究している」といった認識しかありませんでした。

　この時点で春日井市内の小中学校には PC や実物投影機といった ICT 機器が各校に潤沢に配備されてはいました。しかし、私の当時の勤務校を含め、市内各校では十分に活用されていたとは言いがたい状態でしたので「ICT 機器の有効的な活用法を学ばせてもらおう」と考えて参加させていただいたこと、そして、この時の堀田先生のご講演を受けて出川小学校の研究についての認識が間違いであったと気付かされたことを今でもはっきり覚えています。

　そんな私が、その次の春には出川小学校に勤務することになったわけです。2 年間の研究委嘱を終えた後は、ホッとひと息、肩の力を抜いてもバチはあたらないと思いますが、出川小学校は違いました。さらに 25 年度にも全国から参加者をお招きして 4 回の授業研究会を開き、一層精力的に研究は進められました。

　日常的な ICT 機器の活用はもちろん、学習の基盤作りのために全校で統一された規律の徹底・共有は気持ちを緩めることなく継続されましたし、研究会前に何回も繰り返される学年会、模擬授業など先生方の取り組みには頭が下がりました。

　そして「かすがいスタンダード」。上にも書いたように出川小学校の研究はそれまでは市内各校の教員に十分伝わっていないと思えましたが、この言葉の登場によって、様々な場でこの言葉が話題になり「春日井市全体での取り組み」の意識が高まり、広がったように感じました。

　また、私はこの年、「春日井市教職員国内研修員」に選出していただけました。これは、春日井市が市内小中学校の教職員から毎年 8 名ほどを全国の研究先進校等へと派遣し、学校教育に関する諸問題を調査研究する機会を与える制度です。

　私は研究テーマを出川小学校の研究テーマに合わせ、全国の堀田先生が指導されている、北海道から岡山県までの数多くの学校の中から 5 校の研究先進校に訪問させていただきました。

　学校の規模や環境にそれぞれ違いがあり、研究テーマもそれぞれの学校で違いましたが、堀田先生の指導がそれぞれの学校にしっかり根付き、所変わっても先生方の熱心な指導によって成果を上げられていることに、改めて出川小学校の取り組みの確かさを感じられました。

　1 年間でしたが、出川小学校での 1 年間は充実したものでした。学校現場に戻ったら、学ばせていただいたことを教育実践に生かしていきたいと考えています。

出川小学校から離れてみて実感すること

春日井市教育委員会　文化財課　課長補佐／佐々木宏紀

「どうやら出川小学校が学習指導について研究指定校になるようだ…」そんな話を私が耳にしたのは平成22年が終わろうとしていた年末でした。開校して4年になろうとしていた出川小学校は、何もかも新しく立ち上げていかねばならなかった激動の時期を過ぎ、少しずつ学校生活に落ち着きが見られるようになっていました。開校以来、私たち職員は子どもたちと共に、新しい学校を作り上げていこうと急ピッチで様々なことに取り組んでいた時期でした。児童会活動も体力づくりも、やったほうがいいと思えたことはどんどん取り組んでいました。

平成23年度が始まり、水田校長から職員に対し、出川小学校が正式に愛日と市の研究指定校になったということが伝えられました。その後の職員室の話題は「どんな研究をするのだろう」「最新のICTを用いた授業をすることになるのだろうか」など、学年間や仲の良い教員同士で意見を交換する姿が見られました。雰囲気としては、研究を抱える不安と、より一層出川小学校を盛り上げていこうという期待とが入り混じった感でした。研究の大きなテーマ・目標として、意見を活発に出し合って積極的に話し合う子どもたちの育成を想定し、私たちの研究が始まりました。そして、初めての校内研究会を開催することになりました。

初めての校内研究会が終わり、誰も直接言葉にしませんでしたが、私を含め出川小学校の職員は「これは大変だ」「研究をするといっても果たして大丈夫なんだろうか」と感じずにはいられなかったはずです。後に私たちを大きく、そして強く導いてくださることになる、玉川大学教職大学院（当時）・堀田龍也教授の、鋭くかつ的確なご指摘に、何ともいえない暗い気持ちになってしまったのは事実です。しかし、指摘を受けた問題点を真摯に受け止め、学習指導を一から見直すことで、少しずつではありますが私たち出川小学校の研究が動き出したのも間違いありません。特にベテランの職員の研究に取り組む熱心な姿が、私たち職員を一致団結させ、研究に邁進させた原動力であったのは間違いありません。今思えば、きっと堀田先生は、そうなることもわかっていて鋭いご指摘をされたのではないかと思います。

その後、何回も校内研究会を実施しましたが、回数を重ねるたびに参観者が増えていったのは驚きでもあり、私たちの研究を認めてもらっているという手ごたえでもありました。平成24年11月21日、一つの区切りとして私たちは研究発表会を開催し、多くの方にそれまでの成果を見ていただくことができました。子どもたちは実に堂々としたもので、普段通りに授業を受けていたのが印象的でした。休み時間になると元気に走り回っている子が多い反面、授業になると何となく自信なさげに発言したり行動したりしていた子が多かった出川小学校の子どもたちでしたが、実物投影機をスマートに操りながら自分の考えを大きな声で発表する姿は、子どもたちの大きな成長を表すのに十分でした。それは決して一部の子の姿ではなく、教室全体が集中して授業に臨む積み重ねの中で培われていった力の一面であったと感じずにはいられませんでした。

研究発表会後も、出川小学校の研究はバージョンアップをしながら継続していますが、子どもたちがより集中して授業に臨む姿が見られるようになったのは嬉しい限りでした。

出川小学校を離れてから振り返ってみると、実に多くの方々の協力あっての研究であったと、心から感じずにはいられません。微力ながらも自分も研究に携われたこと、そして大きく成長をさせていただいたことに深く感謝しています。

初任者として学んだこと

出川小学校／本田智弘

4月、授業の進め方、子どもへの声かけなどうまくいかないことばかりで、不安な日々が続きました。しかし、職場の先生方からアドバイスをいただき、少しずつではありますが不安も解消されつつあります。そのアドバイスから学んだことを、二つ紹介したいと思います。

一つ目は、学習規律を徹底することによる効果です。4月初め、学習規律についてよくわからないままに授業を行っていました。すると、授業中に落ち着きがなかったり、無駄話をしたりする子どもが徐々に増えてきました。なぜだろうと思い、拠点校指導教員の先生に相談したところ「子どもは言われたことしかできないよ」というアドバイスをいただきました。そして、子どもにしっかり指示をしていなかったことを痛感しました。それからは状況や場面に応じた指示をするようにしたことで、子どもの学習に対する雰囲気が変わり、授業だけでなく学校生活全般に落ち着きが見られるようになりました。学習規律を徹底することにより現れる効果について実感し、規律を徹底するのは教師自身であることを学ぶことができました。

二つ目は、ICTの効果的な利用方法です。ICTは見せたい物を大きく映す物という考えから、4月当初は、見せたい物は全て映し、毎時間使っていました。それが効果的な利用だと思っていました。しかし、同じ学年の先生方の授業を見させていただいた時、自分が行っているICTの使い方と明らかに違うと感じました。研究授業を行った際に「子どもは、どこを見ればよかったのかわからないよ」とアドバイスを受けました。そのとき、見せたい物を大きく映すだけではなく、意図をもって映すことを教えてもらいました。そうすることで、使う時と使わない時のメリハリもつけることができ、4月よりも子どもの注意を見せたい物に集中できていると実感しています。ICT機器は、操作に慣れるだけで満足せず、意図をもって使うことで効果的に利用できることを学ぶことができました。

子どもにとって、わかりやすい授業とはどのようなものか、まだ自分なりの答えは見付けていません。しかし、授業実践を通して更に多くのことを、また子どもやまわりの先生方から多くのことを学び、答えを見つけ出したいと思います。

出川小学校／内匠雅子

勤務地が出川小学校と知った時、ただ漠然と「どうなってしまうのだろう」と思い、不安さえもてない状況でした。まわりの人たちから「大変だね」と声をかけられても同意もできません。その時の私は、講師経験もなく、何のイメージももてなかったからです。

4月の中旬になり、校内授業研究会の準備が始まり、全職員がよりわかりやすい授業を目指して教材研究や指導案作成、指導案検討が行われ始めました。その時初めて、「大変だね」の言葉の意味がわかりました。先生方の熱心に取り組む様子を見て、私にもできるのだろうかという不安を抱く日が続きました。しかし、もうすぐ1年経過する私から、4月の時の私へ声をかけるなら、「大変には違いないけれど、沢山のことが学べるまたとないチャンスだよ」と伝えたいです。その理由は二つあります。

一つ目は、学習規律の徹底についてです。出川小学校には、全校統一の学習に関するルールがあります。挙手や発言の仕方など、学習に関するルールが進級しても継続されるため、それが定着され、子どもたちもとても落ち着いて授業に臨むことができます。教師としての学級経営や授業に関する経験やノウハウのない私にとって、学習規律が徹底され、更に子どもたちが多くを習得している状態というのは、今思えば、とても恵まれた環境だと感じます。4月の学級開きのときは、子どもたちにとても助けられました。

二つ目は、校内授業研究会へ向けた準備についてです。学年の先生方と指導案を検討し、事前に何度も授業を行ったり、模擬授業をしたりします。その中で、一つ一つの発問や授業の流れ、教師の動き方などについて何度も検討を行い、たくさんのアドバイスをいただくことができます。子どもたちのことをよく知る先生方から、個に対応した指導法や全体への指示の出し方など具体的に細かく教えていただける機会は、この出川小学校でなければ得がたいものだと思います。また、一つの授業を通して教えていただいたことを、日々の授業の仕方の改善にも役立てられます。

更に多くのことを学び、よりわかりやすい授業を行うことができる教師になれるように頑張りたいと思う毎日です。

初任者研修における出川小学校

尾張教育事務所　指導第二課指導主事／青山照美

「今すぐ授業がしたい！」平成24年11月21日(水)、出川小学校で行われた「学習指導」の研究発表会終了直後、興奮して初任者が声をかけてきました。

初任者からは「どんなふうに授業を進めたらいいのかわかりません」「うまく授業を進めることができません。教えたいことが多くて時間が足りなくなります」などと学習指導に関する悩みをよく聞きます。誰もが一度はぶつかる壁だと思います。そんな大きな壁を破るヒントを掴んだからこそ冒頭の初任者は、その喜びを素直に表現したのだと思います。初任者研修を担当する中で、心に残る嬉しいひと言でした。

ここで、研究発表会の中で初任者の様子を振り返ってみたいと思います。その中から初任者が学んだ出川小学校の研究の素晴らしさと掴んだヒントの一部を分析できたらと思います。

尾張教育事務所愛日地区の小学校初任者109名は、学校からの概要説明の中で「授業の見所」＝視点を受けて、現在担当している学年を参観させていただきました。参観の視点が事前に示されたこと、全学年を公開していただけたことから、正に今必要な授業を見ることができました。校内を回った時、初任者が子どもたちのノートを覗き込んだり、指導案に教師の様子を必死に記録したりする姿を多く見ることができました。また、パネル展示や体験コーナーでは、先程授業で使っていた機器を実際に試せるコーナーがありました。意欲的に機器に触れ、質問している様子やフラッシュ型教材を使った授業に参加する姿を目にしました。意欲が行動に表れていたと思います。ここで一部ですが、参観の振り返りを紹介します。

【初任者の声】

- 大勢の参観者がいる中で子どもたちが落ち着き、授業に集中していて驚きました。
- フラッシュ型教材を導入で使っていました。テンポがよく、褒める言葉が多く意図的に使われていると思いました。基礎基本の定着に一役買っていると思いました。
- 隣同士で伝え合う時に、ノートを真ん中に置いて指で示しながら説明していました。聞いていてわかりやすかったです。
- 出川小学校でICTの活用が当たり前の環境となっていることが、子どもたちの様子からわかりました。ICT活用事例集や話型などのルールがまとめてある資料集は、ぜひ参考にしたいと思います。
- ペアやグループの〈伝え合う・学び合う活動〉では、自分の考えをきちんともっているからこそ、話し合いが自然にできていました。
- 板書がわかりやすく、ていねいでノートにも書きやすく工夫されていました。日頃の指導の賜物だと思います。

「当たり前のことを全員でていねいに積み上げること」。

これは、とても難しいことだと思います。基礎基本を効率よく習得し、活用へとつなげる取り組みは、できそうで今まできちんとできていなかったと思います。毎日の授業を大切にした地道な研究は、見る人に授業を前向きに取り組むエネルギーを与えました。

子どもたちも「できそうでできない問題」に意欲的に取り組むといわれますが、初任研もそれが当てはまると思います。初任者は、出川小学校の研究によって授業をする上での具体的な手がかりを沢山いただきました。「今すぐ授業がしたい」＝「できそうで簡単にはできない課題に取り組む意欲」をいただきました。出川小学校の皆様に初任者とともに深く感謝いたします。ありがとうございました。

保護者の視点からみた「ICT革命」

元・春日井市立出川小学校PTA会長／神戸洋史

ICTって何？　出川小学校が研究指定校となった時、保護者の大半が素朴に感じたと思います。ICTが授業にどう役立つのか。ICTによって子どもたちはどう変わるのか。どのように出川小学校でICTが活用されているのか。ここでは、保護者の視点から見たまさに「ICT革命」ともいえる、出川小学校におけるICTの有効活用と授業改善の取り組みについて率直な感想を交えて記したいと思います。

保護者にとって子どもや学校の様子が一番わかるのは授業参観ですが、ICTが導入されて以降、授業参観に行くのが楽しみな親が増えたと思います。というのも、参観のたびに、子どもも先生も着実にICTの使い方が進化していくのを実感でき、いつしか全ての教室で当たり前にICTが浸透するようになったからです。

「子どもはみんな違う」とよく言いますが、例えば算数の図形問題ひとつをとっても、すぐに頭の中でイメージできる子もいれば、できない子もいます。ところが、ICTを使えば誰にでもより具体的にイメージしやすくなります。算数の「円と球」でも実物投影機を使ってビジュアル化して伝えたり、真上から映して、立体を平面的にしたりすることで、より理解することができるのです。なぜ、どうしてという疑問も、子どものノートを実物投影機で見せることで共有化しやすくなります。ICTを有効活用することで、子ども一人一人の違いや、その子、その子がもっている個性や物事の捉え方、考え方などを大切にできているように感じられました。

また、「子どもは社会の鏡」と言われるように、子どもは大人の姿を見て育ちますが、出川小学校の先生たちのICTに対する前向きな姿勢。「教員の意識が変われば、授業も子どもも変わる」「ICTは『あるから使う』ものではなく、『使った方が子どもの理解度が上がる』と判断した時に使うべき」など、どうしたらICTを有効活用できるかを問い続ける先生方の真摯な取り組みが、子どもたちにとっても、いつの間にかそれを手本として子どもたち自らがICTに真剣に取り組むようになったと感じました。こうした先生や子どもたちの真剣な取り組みや行動が、やがてこの国の未来を作っていく原動力の一つになるのだと思います。

「ICT革命」と冒頭に申し上げましたが、ICTは、決してマジックではありません。IT革命のように情報技術の発展によって社会や生活が変革することとも意味が違います。

私の感じた「ICT革命」とは、ICTがより身近な当たり前の日常の中にある学校生活。「わかる」「楽しい」「おもしろい」「できる」「伝わる」などといったポジティブな感情やプラス思考がごく自然に生まれてくるところに、ICTの有効活用の価値があるのではないのでしょうか。

ICTを有効活用すると、子どもたちは目を輝かせます。褒められたり、認められたりすることが増えれば増えるほど、子どもたちは自信をもってさらに成長していきます。子どもたちの成長や、よりよい人生を歩むために最も大切な要素が、ICTの有効活用にはいっぱい詰まっているのです。子どもたちの無限の可能性を広げるICTの有効活用。これこそが「ICT革命」の意義だと思います。

ICTを活用したごく日常のわかりやすい授業。授業だけでなく、挨拶や物事に取り組む姿勢など、子どもたちが当たり前のことを当たり前にできることの大切さ、人として生きることの価値を、ICTを通じて出川小学校では教えてくれています。

最後に、出川小学校のPTAを代表し、こうした恵まれた環境を支えて下さる堀田先生と市教育委員会、出川小学校の教員の皆様の情熱とたゆまぬ努力に、深く感謝申し上げます。

第5章

資料編

1 ICTを活用する上での留意点やポイント

1 機器として、環境としての留意点やポイント

・常設が望ましい（移動させる場合は置き場所に印を付けておく）
・全ての子どもに見えるように配慮する必要がある（スクリーンの高さや位置）
・教室により環境が違うので、事前に映り込みや反射が起こりにくい場所や角度を把握しておくとよい（必要に応じて子どもの席や暗幕などの位置を変える）
・プロジェクターの前には何も置かない（画面に余計な物が映るのを防ぐため）
・実物投影機のアームが子どもの視界を妨げることがあるので、設置に気を配る（特に低学年）
・マウスはワイヤレスのものを使用すれば、デジタル教科書で音読の練習をさせる際に机間指導をして、音読を確認しながら進めることができる

キャビンなど専用の入れ物を作り、まとめておくとよい

実物投影機は広い机の上に置くと便利。児童机の上で使う場合は、60cm×60cmぐらいの板の上に置くと使い勝手がよい

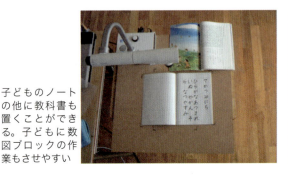

子どものノートの他に教科書も置くことができる。子どもに数図ブロックの作業もさせやすい

板の裏にずれ防止マットを貼っておくと安心

ペン・クリーナーやリモコン・マウスはひとまとめにしておくと便利だよ

2 授業で教師が使用するときの留意点やポイント

・常に最後列の子どもまで映した物が見えるように、映したい物を最大限まで拡大する
・指示棒などを使い、子どもがどこを見ればよいのかわかりやすくする
・実物投影機にSDカードを用意し、映した物をいつでも保存できるようにすると便利
・ついたてなどを利用し、まわりの景色など余分なものが映らないようにする（背景色にも気を配るとよい）
・教師は子ども全員の視界を遮らない位置に立つように留意する
・何のためにどう映すかを考えて映す
・見せないときにはプロジェクターの光源のふたを閉めるとよい

ついたての使用例

3 子どもが発表として使用するときの留意点やポイント

・発表する子どもに、何を映させるのか事前に絞らせておく
・聞いている子どもと対面するように発表させる
・発表時の移動の仕方と立ち位置を子どもに指導しておく
　（プロジェクターの前は通らずに前に出る、聞いている子どもの方を向いて立つなど）
・映したい物をどこに置けばよいかわかるように、目印を用意するとよい

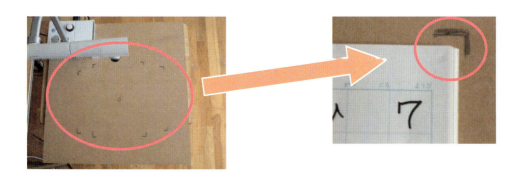

4 板書との兼ね合いとしての留意点やポイント

・スクリーンを黒板に設置する場合、板書スペースが狭くなるので、授業で残したいものを工夫して明確にしておく必要がある
・ICTと板書とは異なるものであり、映したものは残らないことを前提に考える

第5章　資料編　95

2 学習規律と学習スキル一覧

1 学習規律について

全ての子どもが集中して学ぶためには、学習規律の徹底が必要です。そのため、学習規律を全校で統一し、継続的に指導しています。それによって、学年が変わっても子どもは安心して学習することができます。また、教師にとっても指導を定着させやすいという利点があります。

■学習規律一覧

	低学年	中学年	高学年
学習用具とその整理	引き出しの右側に教科書・ノート類を時間割順に置き、左側に道具箱を置く。 授業で使った教科書類は、順に下の方に入れ込む。		
持ち物	筆箱＜削った鉛筆5本程度、赤鉛筆1本、消しゴム1個、定規1本＞	筆箱＜削った鉛筆5本程度、赤鉛筆（赤ペン）1本、消しゴム1個、定規1本＞	筆箱＜削った鉛筆5本程度、色ペン（赤・青）2本、消しゴム1個、定規1本、名前ペン＞
	道具箱＜のり、はさみ、クレヨン、色鉛筆、名前ペン、セロハンテープ、30cmものさし（2年）＞	道具箱＜のり、はさみ、色鉛筆、名前ペン、セロハンテープ、30cmものさし、三角定規、分度器（4年）＞	道具箱＜のり、はさみ、色鉛筆、セロハンテープ、30cmものさし、三角定規、分度器＞
	※学習用具は派手なものは控える（すべて記名する）。		
机の横にかけるもの	黄帽子（かける紐をつける）、給食袋、マスク袋、手さげ袋（本）、なわとび（冬季）		黄帽子（かける紐をつける）、給食袋（マスクを入れる）、手さげ袋（本）、道具袋
休み時間	お茶を飲んだりトイレに行ったりすることを、始業前にすませる。	用事は始業前にすませる。トイレは授業中に行かない。	
	次の時間の教科書やノートを机の上に準備してから休む。		
		特別教室への移動は休み時間内にすませる。	
始業	チャイムが鳴り終わるまでに席につく。		
あいさつ	始業と終業時にあいさつをする。語先後礼。椅子を入れて立つ。		
授業中	名前を呼ばれたら、「はい」と返事をする。		
	名前は敬称をつけて呼ぶ。		
		鉛筆1本、赤鉛筆1本、消しゴム、定規を筆箱の前に出し、筆箱の口は閉じる。	
	机上には教科書を左に、ノートを真ん中に、筆箱を上に置く。		
	挙手は右手を真上に挙げる。		あいている手を真上に挙げる。
	立つときは、静かに立つ（座るときも同じ）。椅子の横へ（椅子は入れない）。		
終業	終わりのあいさつをする。椅子を入れて立つ。		

	低学年	中学年	高学年
その他	席を離れるときは、椅子を入れる。		
	体育の着替えでぬいだ洋服は、きちんとたたむ。		
技能	正しい姿勢をとる。（図1参照）		
	鉛筆を正しく持って書く。（図2参照）		
	定規で直線を引く。	学習用具（定規・コンパス・分度器など）の使い方に習熟する。	
	教科書を両手で持って読む。	教科書を持って読む。	
	ノートは、ていねいな字で書く。	ノートは見やすく書く。	ノートは教科や授業の流れに応じてわかりやすく書く。
	ノートには日付とめあてや課題を書く。		
	利き手でない手でノートを押さえ、ノートから30cm程度目を離して書く。		
	（下敷きを敷き）正しく視写する。	板書を短時間で視写する。	板書を教師と同じ速さで視写する。

2 学習スキルについて

子どもが話したり、聞いたり、話し合ったりするためにはスキル（技術）が必要です。子どもが発達段階に応じて段階的にスキルを獲得していけるよう、全校で学習スキル（話す、聞く、話し合う）を整えました。

■学習スキル（話す、聞く、話し合う）

	低学年	手だて	中学年	手だて	高学年	手だて
話す	聞き手が聞きやすい声の大きさや速さで話す。	・声を出す活動（出川タイム）。				→
	場面に合った声の大きさで話す。	・「こえのものさし」を意識させる。				→
	口を大きく開けて話す。	・実物投影機で映し、自分の口形を確認させる。				→
	聞き手の方に体を向けて話す。	・教室の中央を向いて話すように声がけをする。				→
	ていねいな言い方で話す。	・「話型」～です。～だと思います。	つなぎ言葉を使って話す。	・掲示物「つなぎ言葉」を意識させる。	相手の考えを引用したり、例を示したりして話す。	・「話型」〇〇さんは～と言っていましたが…・例えば…
	順序よく話す。	・「話型」はじめに、まず、次に、最後に…	構成を工夫して話す。	・「話型」〇つあります。一つ目は、二つ目は…・はじめ・中・終わりの構成。		→
	考えを言ってから、理由を話す。	・「話型」～と思います。どうしてかと言うと～だからです。				→
			絵や図を指し示しながら話す。	指示棒を使わせる。	必要な資料を選択し、示しながら話す。	指示棒を使わせる。
			大切な言葉（5W1H）を落とさず話す。			→
					相手や場に応じた内容や言葉づかいを選んで話す。	

	低学年	手だて	中学年	手だて	高学年	手だて
聞く	話し手の方に体を向けて聞く。					→
	最後までだまって聞く。		大切な言葉（5W1H）を落とさず聞く。	・5W1Hに気をつけながらメモをとらせる。	事実と感想・意見を区別しながら聞く。	・事実と感想、意見の違いがわかるようにメモをとらせる。
	どんな内容か考えながら聞く。	・「なるほど」と思ったら、うなずくように声がけをする。	自分の考えと比べながら聞き、反応する。	・うなずいたり首をかしげたりしながら聞くように、声がけをする。	話し手の意図をとらえ、自分の考えと比べながら聞く。	
	わからないことは質問する。	・「もう一度言ってください」と言うように声がけをする。	わからないことは質問する。	・どこがわからないか、具体的に質問させる。		→
話し合う	隣同士で話し合う。	・ノートを二人の真ん中に置いて、指で示しながら説明させる。				→
	話題からずれないように話し合う。		自分の立場をはっきりさせて話し合う。	・発言のはじめに、前の人の意見を受けた内容なのか、違う内容なのかを言ってから話させる。	説得力のある話し方を工夫する。互いの立場や意図をはっきりさせて話し合う。	
			司会をたて、進行にそって話し合う。	・「話し合いマニュアル」にそって話し合わせる。		
			相手の話と比べ、つなげる言い方を使って話し合う。	・「話型」付け足し、反対、質問。	相手の話と比べ、つなげる言い方を使って話し合う。	・「話型」付け足し、反対、まとめ、深まり、質問。

第5章 資料編 97

3 学習スキル教室掲示

　学習スキル一覧を基に「話す、聞く、話し合う」にポイントをまとめ、全学級で掲示をしています。子どもが話す時・聞く時及び学習態度の手助けとなるようにしています。

1 話す時・聞く時

■話し方名人・聞き方名人■

低学年

中学年

高学年

■話し方の例■

低学年
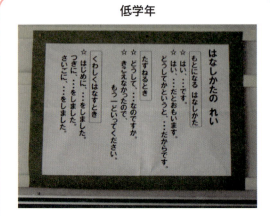

中学年

高学年
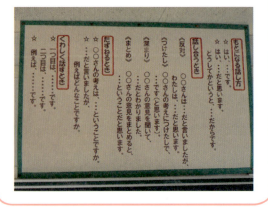

2 学習態度

■こえのものさし■

低学年

中学年・高学年

■よいしせい■

■えんぴつのもちかた■

4　学習促進のためのコミュニケーション

　「習得」や「活用」の場面で子どもの学習効果をより高めるためには、教師の声がけの工夫が必要です。「隣の人と話しましょう」だけではなく「隣の人と話します。ノートを真ん中に置き、指で示しながら話しましょう」と声をかければ、子どもはより集中して考えを伝え合えるようになります。
　このような授業場面で効果的な教師の声がけを集め、整理しました。どの教室でも同じような声がけをすることで、授業が活性化され、学習効果を高めることや支え合う学習集団への確立へとつなげていけると考えます。

1　考えを書かせる場面

【意図・目的】問題や課題に対して自分の考えを「書く」ことで、その後の意見発表や授業終末でのまとめなどに生かされる。

> では、○○を元にして、自分の考えをノートに書きましょう。どうしてそう思ったのか、理由（わけ）も書けるといいですね。

> 自分の考えが書けていれば、後で隣同士で説明し合ったり、皆に発表したりする時にわかりやすく伝えられますね。

> 目標、○分で書きましょう（タイマーを使用）。

2　机間指導の場面

【意図・目的】課題に対する一人一人の取り組み状況を確認し、リアルタイムで評価・支援するとともに、核となる意見や考え方を把握することで、その後の集団全体での話合いに生かされる。

> ＜個へ＞
> よい考えだね。後で、ぜひ皆に紹介してみよう。

> ＜全体へ＞
> 皆、いい意見を考えてまとめているね。
> 後で、発表するのが楽しみだね。

3　意図的指名をする場面

【意図・目的】机間指導などで子どもの考えを把握し、教師から指名することで、その後の集団全体での話合いに活かされる。

> まわってみたら、よい意見がいっぱいありました。○○さん、書いたことを教えてください。

> □□さんも○○さんと似た意見でしたよね。
> □□さんも自分の言葉で説明してみてください。

> なるほど、△△さんは、どうでしたか、同じでもいいから皆に伝えてみてください。

> ●●さんは、これまでに発表した人と違った意見を書いていました。

> なかなかよい意見なので、●●さん、皆に紹介してみてください。

4 子どもの発表へのリアクションをする場面

【意図・目的】発表を活かすもそうでなくするのも教師の取り扱い次第。発表の内容の価値付けはもちろん、発表することの意味やよさを伝えることで、集団としての意見構築や学びの獲得に活かされる。ただ単に発表させるだけでなく、「ものわかりの悪さ」を演じたり、同じ意見をつないだりすることで学びの中心に近づける。

> なるほどね。○○さんと違う考えだった人はいますか（挙手）。

> 今の言い方、□□さんならどう言いますか。○○さんが言ったことを、あなたの言葉でもう一度説明してください。

> そう考えたわけも言ってみましょう。

> 教科書のどの部分からそう考えたのですか。

> ○○さんの言いたいことが「わかったよ」っていう人（挙手）。では、○○さんが言いたかったことをあなたの言葉で言ってみてください。

> 今の○○さんの発表のよかったところはどこですか。

> 「話し方の例」にある言い方を使い、よい言い方で発表できましたね。

5 隣の子どもと考えを確認させる場面

【意図・目的】自分の考えの整理と確認、違う考え方に触れること、学んだ事の出力・共有が目的。

> ノートは真ん中に置いて、図や文を指で示しながら説明しましょう。

> 聞く人は、自分とどこが同じなのか、違うのか考えながら聞きましょう。

> 他の人にも隣の人の考えが説明できるぐらい、しっかりと聞きましょう。

> **＜話合いを始める前に＞**
> どうしてそう思ったのか、理由も含めて意見を紹介してください。他の皆は、自分の考えとどこが同じで、どこが違うのかを考えながら聞きましょう。

6 グループで意見構築やまとめをさせる場面

【意図・目的】自分の考えの整理と確認、違う考え方に触れる。更にそれらを元に、一つにまとめる作業を通して、自分たちの大事にしたい事やこだわりをわかりやすくまとめ、共有することが目的。

> 皆で考えをもち寄ってグループの考えをまとめます。沢山意見を言いましょう。また、意見を言うときはわけも言うようにしましょう。

> 他の人の意見を聞いて「なるほど」と思ったら自分の考えを変えることも大切です。自分の考えが変わったら「○○さんの考えを聞いたら、私もそう思うようになったよ」とグループの皆に伝えましょう。

> 自分たちで大事にしたり、こだわったりしたことを皆に伝えられるようにまとめたり、発表の練習をしたりしましょう。

> 皆で考えをまとめたり意見を出し合ったりすると、クラス全体でいいものになっていくね。一人一人の意見は大事だし、それを皆が支えてくれて、クラスがもっとよくなるね。

7 練習問題をさせる場面

【意図・目的】習得したことの習熟が目的。ただやらせるだけでなく、習得したことが同様に使えるのか、意欲づけのできる言葉がけをしたい。

> ここまでの２問で、■■の仕方がよくわかったかな。いつでも使えるように、練習問題で更に問題を解いていきましょう。

> まずは、確実に。慣れてきたら、少しスピードを上げていこう。どんな問題でも使えるか確かめてください。

> 答え合わせは自分で（隣同士で）行いましょう。間違えたところは、もう一度やっておきましょう。

第5章 資料編 101

おわりに

　西受けの窓に夕日が差し込み校舎から子どもたちの喧噪が消える頃、出川小学校では校内授業研究会に向けた指導案の検討や模擬授業、研究推進のための部会や会議などが始まります。日々の教材研究を始め、学級・学年事務の合間をぬっての取り組みです。出川小学校では、平成23年度に、愛日事務協議会および春日井市から「学習指導」の研究を委嘱されてから、足かけ4年にわたってこうした日々が日常となっています。

　野径雲倶黒－野径雲は倶に黒し。これは杜甫の『春夜喜雨』という漢詩の一節ですが、私が出川小学校に赴任した平成25年度当初、度々思い起こしていたものです。当時は研究指定校としての研究成果を外部に発信・還元し、普遍化していくことが求められている時でした。まさに詩に歌われている春の「好雨」のごとく出川小学校へ寄せられる期待を強く感じると同時に、未来への不安も感じていました。2年間の研究指定校を終えた直後に、新たにパナソニック教育財団の「第39回実践研究助成」の研究委嘱を受けたタイミングだったからです。出川小学校の職員に、次なる研究へのモチベーションを醸成する必要を強く感じていた私の心境は、「野の小径をつつむ黒々とした夜景とともに、雲もまた黒々と空を覆」っているといったものでした。この詩では終末の句で「雨の一夜が明けたら、花々が、ぬれて咲いている姿があるだろう」ことを予感させて終わっているのが救いでした。私は不安がよぎるたびに「大丈夫、きっと出川小学校も成果を開花させられる」と、『春夜喜雨』を繰り返し思い起こしていたものでした。

　かなりの日々を費やし25年度の研究の目処がついた頃、平成26年度から27年度にかけてタブレット端末による授業開発を研究する「パナソニックワンダースクール応援プロジェクト」への参画の話が持ち上がりました。これは今現在も鋭意進行中のプロジェクトとなります。

　まじめに、唯々愚直に研究実践に取り組んできた出川小学校ですが、決して特別な研究のための学校ではありません。極々普通の公立小学校に過ぎません。こうした学校が4年間にわたり、ゆっくりとした歩みではありますが一定の成果を積み上げることができたということこそ、意義深いものだと自負します。それ故に、興味をもって本書を手に取られた方々にも、学校現場で日常的に無理なく継続して取り組んでいける提案になっていると考えます。

　天眼のごとき堀田龍也先生のご指導がなければ、とても今日の出川小学校はあり得なかったでしょう。また、校内授業研究会や視察にいらっしゃった多くの方々の温かい激励や適切なご指摘が、大いに研究実践の糧となりました。ここに、今日までの研究をサポートしていただきました多くの皆様に、そして本書の編集にご尽力いただきました関係者の方々に、職員一同心よりお礼を申し上げます。

　使うことが当たり前になった「ICT」や、全校を挙げて徹底をした「学習規律」が、出川小学校の礎です。基礎を忘れることなく、更に私たちは研究を続けていきます。私たちの「これから」を見守っていただければ幸いです。

春日井市立出川小学校　教頭　前川健治

平成27年2月

■ 参考文献

管理職のための「教育情報化」対応ガイド（教育開発研究所・2010/8/27）

フラッシュ型教材のススメ（旺文社・2011/3/9）

足代小学校フューチャースクールのキセキ（教育同人社・2013/7/1）

藤の木小学校 未来の学びへの挑戦 フューチャースクール推進事業・学びのイノベーション

推進事業 実証研究校の歩み（教育同人社・2014/4/1）

教育分野における ICT 利活用推進のための情報通信技術面に関するガイドライン（手引き書）2014

（総務省・2014 年）

教育展望 2014/10「教育の情報化と課題」（教育出版・2014/10/1）

教育 ICT 活用実践事例集（財団法人 日本視聴覚教育協会・2012/3）

教育 ICT 活用事例集（一般財団法人 日本視聴覚教育協・2013/3）

学習情報研究 2011/9（公益財団法人学習ソフトウェア情報研究センター・2011/9/10）

■ 使用教材（デジタル教科書）

社会	5 年・6 年	（東京書籍）
国語	1 年・4 年	（光村図書）
算数	2 年	（啓林館）
Hi!friends ②		（文部科学省）

■ 使用ソフト

| PowerPoint | （マイクロソフト） |
| 一太郎スマイル | （ジャストシステム） |

■ 第 3 章実践事例　索引

〈学年別〉

			頁
1 年	実践事例 7	音楽	46
	実践事例 13	算数	52
	実践事例 25	算数	64
	実践事例 26	算数	65
	実践事例 34	算数	73
2 年	実践事例 8	算数	47
	実践事例 9	算数	48
	実践事例 14	国語	53
	実践事例 15	算数	54
	実践事例 16	算数	55
	実践事例 33	算数	72
3 年	実践事例 2	音楽	41
	実践事例 10	音楽	49
	実践事例 17	算数	56
	実践事例 18	理科	57
	実践事例 27	理科	66
	実践事例 31	算数	70
4 年	実践事例 1	国語	40
	実践事例 3	社会	42
	実践事例 11	社会	50
	実践事例 19	算数	58
	実践事例 20	算数	59
	実践事例 35	算数	74
	実践事例 36	理科	75
5 年	実践事例 4	算数	43
	実践事例 21	算数	60
	実践事例 22	算数	61
	実践事例 23	社会	62
	実践事例 24	理科	63
	実践事例 37	算数	76
	実践事例 38	社会	77
6 年	実践事例 12	社会	51
	実践事例 28	国語	67
	実践事例 29	社会	68
	実践事例 32	外国語	71
特別支援学級	実践事例 5	算数	44
	実践事例 6	算数	45
	実践事例 30	国語	69

〈教科別〉

			頁
国語	実践事例 1	4 年	40
	実践事例 14	2 年	53
	実践事例 28	6 年	67
	実践事例 30	特別支援学級	69
算数	実践事例 4	5 年	43
	実践事例 5	特別支援学級	44
	実践事例 6	特別支援学級	45
	実践事例 8	2 年	47
	実践事例 9	2 年	48
	実践事例 13	1 年	52
	実践事例 15	2 年	54
	実践事例 16	2 年	55
	実践事例 17	3 年	56
	実践事例 19	4 年	58
	実践事例 20	4 年	59
	実践事例 21	5 年	60
	実践事例 22	5 年	61
	実践事例 25	1 年	64
	実践事例 26	1 年	65
	実践事例 31	3 年	70
	実践事例 33	2 年	72
	実践事例 34	1 年	73
	実践事例 35	4 年	74
	実践事例 37	5 年	76
社会	実践事例 3	4 年	42
	実践事例 11	4 年	50
	実践事例 12	6 年	51
	実践事例 23	5 年	62
	実践事例 29	6 年	68
	実践事例 38	5 年	77
理科	実践事例 18	3 年	57
	実践事例 24	5 年	63
	実践事例 27	3 年	66
	実践事例 36	4 年	75
音楽	実践事例 2	3 年	41
	実践事例 7	1 年	46
	実践事例 10	3 年	49
外国語	実践事例 32	6 年	71

■ 監修

堀田 龍也（ほりた たつや）
東北大学大学院情報科学研究科・教授

1964 年生まれ。東京学芸大学教育学部卒業、東京工業大学大学院社会理工学研究科修了。博士（工学）。東京公立小学校教諭、富山大学教育学部助教授、静岡大学情報学部助教授、独立行政法人メディア教育開発センター准教授、玉川大学教職大学院教授、文部科学省参与などを経て現職。
日本教育工学協会会長、2011 年文部科学大臣表彰（情報化促進部門）。専門は教育工学、情報教育。
内閣官房「教育再生実行会議第一分科会」有識者、中央教育審議会初等中等教育分科会教育課程部会「道徳教育専門部会」委員、文部科学省「先導的な教育体制構築事業」推進協議会座長、同「情報活用能力調査に関する協力者会議」委員、同「教育研究開発企画評価会議」協力者等を歴任。
著書に「ベテラン先生直伝 漢字ドリル／計算ドリル／ワークテストの活用法」（教育同人社）、「管理職のための『教育情報化』対応ガイド」（教育開発研究所）、「すべての子どもがわかる授業づくり－教室で ICT を使おう」（高陵社書店）、「フラッシュ型教材のススメ」（旺文社）など多数。

■ 研究同人

〈春日井市教育委員会〉

*木股哲夫　霜 和実　伊藤孝之　*水谷年孝　堤 泰喜　*田中雅也　吉田啓介　秋田真一　南 英雄　今井裕次　湯浅 公　坂田安男　兒島 靖　冨澤達成　岡田尚之

〈春日井市立出川小学校〉

*水田博和　*前川健治　*倉橋克彦　*佐々木宏紀　*原科 勝　*原口茂樹　*小山 潤　*山田菜月
*大島玄聖　*小川 学　*望月覚子　*久川慶貴　*澤川朋絵　*守田ひとみ　*永田眞由美　*本田智弘
*木南秀雄　*垣内友加里　*犬飼由美子　*内匠雅子　*前川悠実　*梅田里依子　*安江実苗
*大俣美佳　*森 光　*太田敦子　*山本えり子　*麻生亜希子　*吉見純里　*高田純子　*鈴木眞理子
*成田雅子　*植木真佐　*伊藤真由子　*上野晴絵　五條恵里　船橋あかね　*加藤美津子　小嶌牧子
藤原寛子　高橋宜久　近藤吉伸　*田中利津子　*横井孝康　*石原浩一　*高木美保子　*土本 浩
*安江亮佑　後藤 梓　林 達夫　*清水純代　*志水梨紗　伊藤祥希　服部智史　加藤友紀子　堀 操
後藤徳子　後藤文子　井村礼子　中口あけみ

（*は執筆者。敬称略）

■ 寄稿していただいた皆様

稲垣 忠　（東北学院大学教養学部 准教授）
玉置 崇　（小牧市立小牧中学校 校長）
大西貞憲　（株式会社フォー・ネクスト 代表コンサルタント）
中林則孝　（三重県津市 初任者研修指導員）
後藤浩示　（春日井市立鷹来小学校 教務主任）
加藤拓由　（春日井市立神屋小学校 教務主任）
青山照美　（尾張教育事務所 指導第二課指導主事）
神戸洋史　（元・春日井市立出川小学校 PTA 会長）

（敬称略）

所属及び参考資料は 2015 年 2 月 20 日現在です。